Lk¹²98

LE

PROCÈS DE MARIE-GALANTE

LE PROCÈS

DE

MARIE-GALANTE

PAR

V. SCHŒLCHER

REPRÉSENTANT DU PEUPLE (GUADELOUPE).

> On prétexta un complot; on fit croire facilement
> aux colons que les mulâtres avaient résolu de mas-
> sacrer la population blanche; que la police colo-
> niale tenait le fil d'une trame sourdement ourdie
> par eux; et cette malheureuse classe d'hommes eut
> alors son temps de terreur. (Page 7.)
>
> (*La vérité sur les événements dont la Martinique a été
> le théâtre en 1831, par* Th. Lechevalier).

PARIS

E. DE SOYE ET Cⁱᵉ, IMPRIMEURS

RUE DE SEINE, 36.

—

1851

LE

PROCÈS DE MARIE-GALANTE

CHAPITRE I.

Faits préliminaires.

La transformation sociale qui s'est accomplie aux colonies, par l'abolition de l'esclavage, a soulevé beaucoup de mécontentements dans l'ancienne classe des maîtres. En pouvait-il être autrement? L'habitude d'une longue domination, le préjugé de couleur, si puissant parmi les propriétaires d'esclaves noirs, leurs intérêts matériels momentanément froissés, le regret des priviléges perdus, tout devait faire craindre l'opposition que rencontrerait cette grande mesure d'humanité, si légitime et si nécessaire qu'elle fût, si prudente et si sage qu'ait été la manière dont elle s'opéra. A la résistance que les abolitionnistes avaient éprouvée de la part des colons avant l'affranchissement, on pouvait mesurer l'ardeur de la lutte qui allait s'engager après la proclamation de la liberté. Cependant les faits ont dépassé les plus tristes prévisions. Le mauvais vouloir des adversaires du régime nouveau, comprimé un instant par la révolution de

Février, ne tarda pas à éclater aux Antilles surtout, où le mouvement des agitations de la mère-patrie se transmet avec plus de force que dans nos autres établissements d'outre-mer. — Les tendances des pouvoirs successeurs du Gouvernement provisoire contribuèrent aussi à développer, au plus haut dégré, l'antagonisme qui divisait déjà les différentes classes de la société coloniale.

Cet état de choses s'est plus particulièrement révélé lors des élections pour l'Assemblée législative, et les troubles dont les opérations électorales de juin 1849 ont été l'occasion à la Guadeloupe, servent encore aujourd'hui à motiver les mesures répressives que l'oligarchie coloniale sollicite et obtient contre les affranchis.

Le procès qui a suivi les événements de Marie-Galante, une des dépendances de la Guadeloupe, n'est en réalité qu'un procès intenté à la majorité des électeurs de cette colonie. Aussi, le meilleur moyen de faire justice des accusations monstrueuses répandues sur le compte des nouveaux citoyens, et d'éclairer l'opinion publique sur la véritable situation de nos départements d'outre-mer, est-il d'analyser ces importants débats.

Tel est le but que nous nous proposons.

A la prétendue conspiration générale et permanente qui est la base des impostures des ennemis de l'égalité civile et politique dans les colonies, nous opposerons les vains efforts tentés par le ministère public pour rattacher les unes aux autres les différentes affaires nées de la crise électorale de 1849. A l'accusation de complot organisé, nous répondrons par les débats eux-mêmes ; en face de la condamnation d'un grand nombre des accusés de Marie-Galante, nous mettrons l'acquittement de ceux de la Gabarre, que les réquisitoires du procureur général signalaient comme les chefs de la conjuration ; enfin, pour réduire à néant l'affreuse imputation de massacre, sans cesse renouvelée contre les affranchis, nous prouverons que pas un blanc n'a été tué, que plusieurs d'entre eux, au contraire, ont été protégés par des noirs, tandis que cinquante noirs au moins sont tombés sous les balles de la troupe et de la milice !

Après avoir fourni à tous les esprits impartiaux les élé-

.ments indispensables pour se prononcer avec connaissance de cause, nous laisserons à la conscience publique le soin de conclure; mais tout en respectant les arrêts de la justice coloniale, nous aurons établi ce que nous disons dès à présent : qu'il n'y a jamais eu de conspiration de noirs ni de mulâtres à la Guadeloupe; que les troubles sont dus aux menées et aux rancunes de quelques éternels incorrigibles, encouragés par la conduite des autorités locales.

Avant d'entrer dans le détail des faits, exposons la situation au milieu de laquelle ils se sont produits. On ne peut isoler les conséquences de leur cause; d'ailleurs, quelques mots suffiront.

Nous l'avons dit, c'est aux élections de juin 1849 que remontent les nombreux procès jugés dernièrement à la Basse-Terre. A cette époque, la direction supérieure de la Guadeloupe était confiée à M. Favre, capitaine de vaisseau, nommé gouverneur provisoire en remplacement de M. Fiéron, qui venait d'être rappelé en France pour rendre compte de sa conduite. Peu de mois auparavant, en effet, M. Fiéron avait embarqué d'un seul coup, brutalement, le procureur général, le préfet apostolique, et plusieurs autres fonctionnaires. Ces violences administratives, et le rappel qui en était résulté, auraient suffi seuls à exalter la coterie dont M. Fiéron était l'instrument, si déjà elle n'avait tout disposé, depuis les élections de 1848, pour tâcher de réparer l'échec qu'elle y avait essuyé. Il est bon aussi de noter que l'un des principaux chefs de service, M. l'ordonnateur Guillet, avait obtenu en 1848 les voix de la minorité, et que la majorité eut de nouveau à lutter contre son active hostilité.

Les choses en étaient là lorsque, par un hasard fatal, les élections de la Martinique précédèrent de quelques jours le moment fixé pour celles de la Guadeloupe, et compliquèrent la situation par le triomphe des candidats avoués du parti de la résistance. L'un des élus vint se présenter de nouveau aux suffrages des électeurs guadeloupéens, afin d'appuyer la combinaison des grands propriétaires, et surtout de faire échouer les candidats abolitionnistes.

Nous ne parlerons pas de cet agent électoral: nous avons

dit ailleurs notre opinion à son égard (1). Nous nous borne-nerons à constater qu'avant son arrivée, la colonie jouissait d'une tranquillité qui n'avait pas été interrompue depuis l'émancipation, et que partout où il passa, à la Gabarre, à Sainte-Rose, au Lamentin, à Port-Louis, ses paroles sou-levèrent des collisions et provoquèrent de graves désordres. Marie-Galante, connue par la violence de ses antipathies de castes, Marie-Galante, la Corse des Antilles, comme l'ap-pelait un des défenseurs des accusés, n'avait pas besoin de sa présence pour être également agitée; ses patronés y pourvurent.

Pour apprécier le caractère de cette inqualifiable propa-gande, il suffit de citer les paroles de M. Vernhette, par-lant au nom du bureau chargé de la vérification des élec-tions de la Guadeloupe. Dans la séance du 17 octobre 1849, tout en concluant à l'invalidation, ce rapporteur disait : « Nous sommes demeurés convaincus que le voyage de « M. Bissette à la Guadeloupe avait été en lui-même *un évé-« nement malheureux.* »

Malgré tout, M. Perrinon et M. Schœlcher obtinrent 14,000 voix sur 18,000 votants. Les ennemis du nouveau régime colonial durent éprouver d'autant plus de colère de leur défaite qu'ils se croyaient mieux assurés de la vic-toire.

Tel était l'état des choses quand se produisit la conflagra-tion de Marie-Galante.

Examinons les moyens employés par la réaction pour ti-rer parti des désordres.

(1) *La vérité aux ouvriers et cultivateurs de la Martinique.*

CHAPITRE II.

La prétendue conspiration des mulâtres de la Guadeloupe.

---

§ 1er. — ACCUSATIONS.

Pour faire comprendre la marche adoptée par les rétrogrades, il suffit de citer le langage que tenaient leurs journaux. Les extraits suivants donneront une idée de la violence avec laquelle ils poursuivirent la confection de ce fameux complot.

« Disons-le hautement, publiait *le Commercial* du 7 juillet
« 1849, et que l'autorité coloniale et la France l'entendent.
« Il existe dans les colonies une vaste et mystérieuse orga-
« nisation antisociale, ayant pour but *l'expulsion par l'intimi-*
« *dation, et s'il le faut par la violence*, de tout ce qui pense, tra-
« vaille, possède et vit honnêtement; *la tête est à Paris*, les
« bras et les instruments au milieu de nous. Le plan de ces
« conspirateurs est simple comme le communisme dont ils
« sont les apôtres. »

De son côté, après avoir exposé « que les événements
« qui se sont accomplis ne sont pas, comme on essaie de le
« faire croire, un accident fortuit, le produit d'une irrita-
« tion née exclusivement de la crise électorale, » *l'Avenir*
du 7 juillet poursuit en ces termes :

« Ce qui se passe parmi nous a une autre origine et vient

« de beaucoup plus loin. Nous l'avons déjà dit : C'est l'explosion
« d'un vaste complot, organisé depuis longtemps, sous les aus-
« pices, à l'instigation et pour le plus grand profit de cer-
« tains hommes, dont nous avons de tout temps surveillé et
« quelquefois pénétré les machinations. » Tel était le langage des écrivains de la conciliation.

Au reste, dès le 30 juin, au moment où les événements
de Marie-Galante étaient à peine connus à la Pointe-à-Pitre, le Commercial avait représenté les noirs comme « les in-
« struments d'hommes qui rêvaient l'exclusion de la race eu-
« ropéenne et leur substitution à celle-ci, » et les adversaires
de l'émancipation, soit aux colonies, soit en France, de
bonne ou de mauvaise foi, s'étaient hâtés de propager et de
commenter cette heureuse découverte ! Dans une pétition
adressée à M. le Président de la République, les négociants,
armateurs, capitaines au long cours et colons résidants du
Havre, allèrent même jusqu'à dire : « La Guadeloupe est
« en pleine anarchie, le sang a coulé à flots; l'incendie, allumé
« sur un grand nombre de points à la fois, éclaire des scènes de
« massacre, des tueries inconnues parmi les hordes qui habitent les
« contrées les plus sauvages. » (Courrier du Havre, 28 juillet 1849).

Enfin, quand la nouvelle du 13 juin parvint aux colonies,
les organes de l'aristocratie s'en emparèrent avec frénésie
pour en faire un thème d'accusations extravagantes contre
la classe qu'ils voulaient perdre.

« La concordance des événements du 13 juin à Paris et
« de ceux des 18, 19, 26 et 27 juin à la Guadeloupe, dit le
« Commercial du 14 juillet, est un terrible témoin contre vous
« et contre celui (M. Schœlcher) qui vous dirige dans vos coupa-
« bles intrigues. Patience! Ce mot qu'il vous a adressé résume
« tout le complot; la conspiration était fomentée à Paris, pen-
« dant qu'on essayait, mais en vain, de la faire réussir ici. »
Le Courrier de la Martinique est plus explicite encore. Dans
l'aveuglement de sa passion, il accuse M. Mestro, directeur
des colonies, et M. l'amiral Bruat, gouverneur général des
Antilles, d'être les complices de la conjuration qui aurait
éclaté à Marie-Galante; il n'épargne pas même M. Tracy,
qui venait cependant de donner « une mission de conciliation »
à un homme qu'il savait décidé à combattre les candidats

regardés, à tort ou à raison, par la majorité aux colonies, comme personnifiant les intérêts de l'émancipation. « Il y « aurait danger, dit-il, dans son numéro du 18 juillet 1849, « danger pour l'avenir, et un avenir prochain peut-être, à « ce que tout ce qui s'est passé soit mis sur le compte des « élections, soit attribué à ces accès violents, mais éphé-« mères, de la fièvre électorale. N'oublions jamais que le « gouvernement de la Guadeloupe a déclaré, dans son rap-« port officiel, que la révolte *était organisée de longue main, et* « *que les élections n'en ont été que le prétexte.*

« Le mouvement colonial *est venu de loin*; il a été préparé « de longue main.

« La substitution en est toujours le but; les fonction-« naires publics en ont toujours fourni une partie du per-« sonnel; le plan a consisté, *encore cette fois, à exterminer par* « *le fer*, à ruiner, décourager et *désespérer par le feu*, à exi-« ler par la terreur *tous les propriétaires* et les honnêtes ci-« toyens. Le reste est de facile exécution.

« Pourquoi le colonel Fiéron a-t-il été brusquement en-« levé au gouvernement de la Guadeloupe? *Parce qu'il en a* « expulsé, d'urgence, des agitateurs *soutenus par la Montagne.* « Le colonel Fiéron était un homme dangereux pour le gou-« vernement qui se constituait en France dans les clubs et « les sociétés secrètes. Il faisait son devoir, lorsque le mi-« nistère *de la marine* l'a enlevé à la Guadeloupe. Il a donc « été enlevé de cette colonie, *parce qu'il gênait certains Mon-* « *tagnards*, en faisant son devoir.

« La circulaire (cette circulaire est de M. l'amiral Bruat) « qui a défendu aux fonctionnaires publics de se mêler « d'élections, cette circulaire, qui parle d'élections tout « haut et *entendait sans doute autre chose* tout bas, elle est du « crû *de la direction des colonies.* Qu'on dise le contraire! »

Ainsi, voilà qui est constant : non-seulement il y a eu, à la Guadeloupe, des tueries inconnues parmi les hordes les plus sauvages, mais les mulâtres étaient les instigateurs de ces massacres, les complices de M. Schœlcher, dans un complot ayant pour but l'extermination des blancs! C'est avec de semblables inventions, d'autant plus odieuses que personne n'y croit moins que leurs auteurs; c'est avec de semblables inventions, chaque jour ressassées pendant des mois entiers, que des pervers sont parvenus à compromettre toute une classe de leurs concitoyens et nous.

Par des assertions de cette nature, on peut juger *à priori* de la moralité du procès intenté à la classe de couleur. Massacres, tueries, extermination des blancs, incendie, conjuration, etc., etc., et pas un blanc, pas un seul n'a été tué! Cinq seulement ont été blessés légèrement, par des piques de bois ou des pierres; enfin, le chef de complot a été abandonné par le ministère public lui-même, comme on le verra tout à l'heure!

Cependant, lorsqu'on songe que tant d'aberrations ont été soutenues par les autorités elles-mêmes, par MM. les gouverneurs Favre et Fiéron, par M. le directeur de l'intérieur Blanc; que soixante-neuf innocents, sur cent cinquante prévenus, sont restés une année entière sous les verroux, à attendre que la vérité se fît jour, on ne peut trop déplorer les préventions des principaux fonctionnaires de la Guadeloupe. En agissant ainsi, n'obéissaient-ils pas, sans en avoir conscience, aux réquisitoires des honnêtes écrivains du *Courrier de la Martinique*, du *Commercial* et de l'*Avenir*, qui, s'ils eussent été juges, auraient condamné infailliblement, à titre de complices, MM. Tracy, Mestro, Bruat, aussi bien que nous-même?

§ 2. — LES ACCUSATIONS DE COMPLOT NE SONT PAS NEUVES AUX ANTILLES.

Ces mortelles divagations ne sont pas neuves; l'histoire coloniale est pleine d'intrigues homicides, qui commencent par une dénonciation et finissent à l'échafaud. C'est à la suite d'accusations semblables que la main du bourreau écrivit les dates de 1823, 1831, 1834, dans les sombres annales de la Martinique et de la Guadeloupe. *L'extermination de la classe blanche!* tel a toujours été le prétexte des plus sanglantes exécutions, et jamais cependant aucun blanc n'a perdu la vie dans ces complots imaginaires. Ce n'est pas nous qui le constatons le premier. Il y a vingt ans, en 1831, un colon de la Martinique, dont ses compatriotes firent aussi un chef de conjuration méditant le massacre de ses frères, parce qu'il avait voulu avancer d'un pas, M. Th. Le chevalier, qui depuis a fait assez connaître s'il était l'en-, nemi des colons, s'exprimait ainsi :

« En 1823, à l'occasion d'une brochure qui circula dans le « pays, les blancs virent l'orage grondant sur leurs privi- « léges, et, *au lieu d'avoir recours à la conciliation,* dans une « lutte qui devait tourner à leur désavantage, par la posi- « tion nouvelle où était la métropole, ils eurent recours « *à leurs vieilles armes,* la vengeance, l'injustice et la ca- « lomnie...

« *On prétexta un complot; on fit croire facilement aux créoles,* « disposés à saisir toutes les occasions de satisfaire leur « haine contre les mulâtres, *que ceux-ci avaient résolu de mas-* « *sacrer la population blanche; que la police coloniale tenait le fil* « *d'une trame sourdement ourdie par eux. Cette malheureuse classe* « *d'hommes eut alors son temps de terreur.* »

Plus loin, nous lisons encore, à propos de 1831 :

« La classe blanche ne voyait partout *que ses priviléges à* « *ressaisir;* elle autorisa le désordre ; elle l'encouragea, pour « l'attribuer ensuite à l'incompatibilité de l'ordre dans les « colonies, avec l'égalité accordée aux gens de couleur. On « vit de l'indécision chez M. le gouverneur, et l'on crut « que l'ordonnance n'était pas tellement définitive, qu'on « ne pût la faire rapporter; *tous les moyens étaient bons pour* « *cela,* etc. (1) »

A la suite de cette agitation, M. Th. Lechevalier expose que cent soixante-quinze individus furent impliqués dans un complot dont le but était, alors comme aujourd'hui, de porter le pillage, la dévastation et le massacre dans la colonie. Vingt-six accusés furent envoyés à l'échafaud. Seize de ces malheureux étaient simplement déclarés *coupables de résis-* *tance à la force publique, dans un conflit où pas un blanc n'avait été* *blessé,* PAS UN !

Le procès de la Grand'-Anse (Martinique) présente les mêmes caractères, comme on le peut voir dans les feuilles

(1) *La vérité sur les événements dont la Martinique a été le théâtre* *en 1831.* (Page 7 et 24.)

publiées en 1834, sur cette affaire, par M. Gatine, avocat à la Cour de cassation :

« Cent soixante-treize individus mis en inculpation ;

« Quatre-vingt-sept renvoyés devant les assises, subis-
« sant des débats de trente jours, et pendant tout ce temps
« traversant la ville de Saint-Pierre menottés, attachés
« avec une corde qui passait du premier au dernier, envi-
« ronnés de la force armée, au milieu des cris de joie des
« blancs.

« Puis au jour suprême, en un seul jour, par le même
« arrêt :

« Quinze condamnés à mort ;

« Six aux travaux forcés à perpétuité ;

« Vingt-cinq *jouissant* du bénéfice de l'art. 100 du Code
« pénal, comme l'a dit M. le procureur général Nogues,
« c'est-à-dire *exclus à perpétuité de la colonie*, arrachés pour
« toujours à leur pays, à leurs femmes, à leurs enfants !

« Le reste, ou condamnés à mort par contumace, ou
« placés sous la surveillance de la haute police ; tous ruinés
« par la captivité, la séquestration de leurs biens et les frais
« énormes du procès.

« Une commune entière dépeuplée par la justice ; ceux
« qui n'ont pas été frappés personnellement obligés de
« s'expatrier ; les familles fuyant aux îles étrangères devant
« la terreur qui désole leur pays ; une mère, une malheu-
« reuse mère, restée seule avec ses huit enfants, veuve de
« son mari, Léandre Barthélemy, condamné à mort par
« contumace ; veuve de son fils aîné, Barthel, condamné à
« mort ; veuve de son second fils, Saint-Rose, mort dans
« les prisons ; veuve de son père, Misely, condamné à mort
« par contumace ; veuve de son neveu, Laville, fusillé lors-
« qu'il cherchait à fuir !

« Voilà la statistique effrayante que put dresser M. le
« procureur général Nogues, en transmettant les pièces en
« France.

« Faut-il, pour ajouter encore à ce tableau de désolation,
« rappeler les exécutions militaires qui suivirent l'arresta-
« tion de tous ces malheureux ? Huit d'entre eux percés de
« balles à travers les grillages de leur prison, sur l'habita-

« tion Bonafon; la famille Maurice, fusillée le 3 janvier ou
« égorgée à la baïonnette dans s   domicile, pour avoir re-
« fusé de l'ouvrir pendant la nui a la force armée ; partout
« des actes de violence contre les personnes et les pro-
« priétés des mulâtres ; partout l'anathème aux vaincus, le
« *væ victis* des barbares et des sauvages.

« N'oublions pas, continue plus loin M. Gatine, *que le but*
« *du complot annoncé à chaque page de l'accusation était de massa-*
« *crer toute la population blanche* et de faire de la Martinique un
« nouveau Saint-Domingue. Eh bien! le seul quartier de la
« Grand'-Anse s'est levé, et dans le cercle étroit où l'insur-
« rection s'est circonscrite, maîtresse du pays pendant trois
« jours, armée pour un massacre général, *pas un blanc n'a*
« *péri!* PAS UN N'A ÉTÉ TUÉ, NI BLESSÉ!»

On le voit, l'histoire coloniale est riche en inventions de
complots et en supplices. C'est pourtant avec des antécédents de ce genre qu'une faction, qui n'a rien appris et rien
oublié, ose porter d'exécrables accusations contre les émancipés de 1848, traite de barbares les noirs et les mulâtres,
dit que nous avons *du sang aux mains et au front,* et prétend
représenter la civilisation!

§ 3. — L'AUTORITÉ EST LA PREMIÈRE A PROPAGER L'IDÉE DE
L'EXISTENCE D'UN COMPLOT.

Quelque monstrueux que cela paraisse, ce qui se com-
prendra moins encore, c'est que le gouvernement de la
Guadeloupe ait contribué à accréditer les hideux mensonges
de ces contempteurs de la liberté. Comment n'a-t-elle pas été
éclairée par les enseignements du passé? L'exaspération politique explique peut-être la polémique furibonde des organes
des préjugés qui ont survécu à l'esclavage, mais la conduite
des fonctionnaires coloniaux, à la suite des événements de
Marie-Galante, comment l'expliquer? Que l'on en juge sur
pièces.

Le rapport suivant, inséré par M. Blanc, directeur de
l'intérieur, et M. Favre, gouverneur, dans la *Gazette* du 5
juillet, montre quels sentiments les animaient. Ce rapport

est la première pièce officielle des procès de tendance faits à la majorité électorale; c'est la base des accusations répétées par les journaux honnêtes et modérés de France. Voici comment il y est rendu compte des événements :

« C'est à la mairie du Grand-Bourg (campagne), sur l'habitation et dans la maison du maire, servant de maison commune et de lieu de réunion pour le collège électoral, que les désordres ont éclaté. Le dimanche 24, jour de l'ouverture du scrutin, *tout s'était passé avec calme et tranquillité*. Le lendemain 25, la plupart des électeurs qui avaient voté la veille se rendirent de nouveau à la réunion électorale. Ceux qui n'avaient pas encore voté déclaraient qu'ils ne déposeraient leurs bulletins qu'à l'arrivée de leur chef. « Dès que l'individu qu'ils désignaient ainsi parut au milieu d'eux, il fut entouré par un groupe considérable. Sur la dénonciation des manœuvres auxquelles il se livrait, le maire ordonna son arrestation. »

Après avoir avancé « que les cultivateurs *n'attendaient qu'une occasion*, » le rédacteur officiel fait le récit de leurs tentatives pour obtenir l'élargissement du prisonnier, et termine ainsi :

« Les révoltés, voyant qu'il leur était impossible d'entamer les troupes, prirent la fuite. On vit alors simultanément, sur divers points de l'île, surgir une multitude de malfaiteurs armés de piques semant partout l'incendie, le pillage et la dévastation.

« *Tout porte à croire que la révolte était organisée de longue main*, et que les élections n'en ont été que le prétexte. Il faudrait chercher la véritable cause de ces déplorables malheurs dans les funestes doctrines propagées parmi les noirs. C'est en faisant luire aux yeux de ces malheureux *la coupable espérance du partage des terres qu'on est parvenu à exciter en eux toutes les mauvaises passions.* »

Quoi! l'autorité elle-même le constate, «tout s'était passé, le premier jour, avec calme et tranquillité,» les électeurs noirs ne se sont émus qu'en voyant arrêter un distributeur de bulletins qu'ils attendaient, et elle vient dire, avant la moindre information : «Tout porte à croire que la révolte « était organisée de longue main! » N'est-ce pas dépasser

la doctrine *du véhément soupçon* appliquée aux condamnés de
1824 à la Martinique?

Quant aux promesses de partage des terres, il est trop
vrai que les très-honorables auteurs du rapport en parlent,
non-seulement *avant toute espèce d'information*, mais encore
sans aucun fondement, bien mieux *sans le moindre indice*. La
preuve, c'est que l'instruction, malgré ses recherches, n'a
rien révélé à ce sujet; c'est que, pendant les débats des différents procès, le ministère public ne s'en est point occupé
une seule minute, et qu'enfin pas un témoin n'y a même fait
allusion. Pourquoi donc produire cette accusation? Avait-
on besoin de l'épouvantail du communisme pour faire mieux
croire à l'existence du complot imaginaire et obtenir ainsi
à tout prix ce que l'on désirait, l'annulation des élections?

Le parquet dirigé par MM. Baffer et Mittaine, à qui
succéda M. Rabou, se trouve d'accord avec le gouverneur
pour assurer l'existence du complot. Il évoque toutes les
affaires de l'élection *nées et à naître*, et il entame une immense
procédure dans laquelle il confond des événements passés à
différentes époques sur des lieux différents comme corrélatifs,
partant d'un même point et allant au même but. Les scènes qui
eurent lieu à la Gabarre sont du 16 juin, celles de Sainte-Rose
du 17, celles du Port-Louis du 20, celles de Marie-Galante
du 25 (elles marquent les étapes de l'agent électoral de la
minorité), et le ministère public propose d'envelopper tous
les prévenus dans une seule et même poursuite! — Si la
Chambre d'accusation n'avait pas elle-même disjoint les diverses causes, la conspiration si bien machinée par messieurs du *Courrier*, de *l'Avenir* et du *Commercial*, était démontrée, et le triage des assesseurs aidant, les fastes judiciaires de la Guadeloupe n'auraient eu rien à envier à
ceux de la Martinique.

Dans le rapport officiel, les choses semblent disposées de
façon à dissimuler le véritable caractère des événements. On
y trouve énumérées avec un soin extrême les habitations dé-
vastées, mais on ne dit pas un mot des nègres tués auparavant. Pourquoi ce fait sanglant échappe-t-il, tant au gouverneur qu'à l'instruction écrite? pourquoi ne s'en est-on pas
même enquis aux débats? L'un des défenseurs, Me Pory-

2

Papy, a porté le chiffre des morts à cinquante, d'autres à cent. Cinquante, cent morts dans une émeute d'hommes désarmés!! Nul doute, comme l'a dit M⁺ Papy, que cette fusillade de noirs venus, sous la garantie de la loi, exercer leur droit électoral, n'eût pesé comme circonstance atténuante dans les plateaux de la justice punissant les dévastateurs; nul doute qu'elle n'eût éveillé au sein de la métropole les sentiments d'humanité qui ont de si profondes racines en France.

§ 4. — PARTIALITÉ EN FAVEUR DE TROIS BLANCS ACCUSÉS DU MEURTRE D'UN NOIR.

Le fait que nous allons rapporter permettra d'apprécier les sentiments qui animaient le parquet et l'administration. Le 20 juin, lorsque l'agitation de la veille fermentait encore partout à Marie-Galante, trois blancs, Guillaume (Henri), Sauvaire (Oscar), Ludolphe, assassinent un pauvre nègre inoffensif nommé Jean-Charles. Le ministère public reste d'abord inactif; mis en demeure par un procès-verbal que dresse et que lui transmet le commissaire central, M. Babeau (mulâtre enlevé depuis à ces fonctions), il commence une instruction; mais les meurtriers avertis avaient eu le temps de prendre la fuite. Six mois se passent; enfin, le 15 janvier 1850, au moment où la Chambre d'accusation allait rendre son arrêt de renvoi devant les assises, touchant les prévenus de couleur, le second substitut du procureur général, M. Poyen, requiert le non-lieu à l'égard des accusés blancs. Le réquisitoire se fondait, entre autres raisons, sur celle-ci : « Attendu, s'il est vrai que Jean-Charles *est décédé* « sur l'habitation des Basses dans les derniers jours du mois « de juin, que *la procédure ne révèle pas suffisamment que cette* « *mort ait été la suite d'un crime;* que les nombreuses contra- « dictions qui existent dans la déclaration d'un des témoins « sont de nature à *faire naître des doutes sur le fait en lui-même* « alors surtout qu'il est constaté *par des lettres écrites par les trois* « *personnes* désignées comme ayant pris part à ce prétendu « *meurtre,* que celle *dénoncée comme l'auteur principal de ce* « crime n'aurait fait aucun usage de ses armes, etc. »

Ainsi, le substitut du procureur général accepte comme des preuves à décharge les témoignages contenus dans des lettres écrites par les inculpés eux-mêmes, pour se disculper! On verra plus loin que le procureur général procède autrement à l'égard des accusés noirs, et qu'en pleine audience il taxe de mensonges leurs dénégations. Ce rapprochement n'est pas le trait le moins saillant de la manière dont la justice s'administre aux colonies. Est-ce donc à la couleur de la peau que se distingue un innocent d'un coupable? Mais devant les motifs énoncés dans l'arrêt de la chambre des mises en accusation, il ne peut plus rester de doute sur la valeur des doctrines de M. Poyen. Voici cet arrêt, portant la date du 1er février 1850. Que l'on compare et que l'on décide!

..... « En ce qui est du meurtre du noir Jean-Charles :

« Attendu qu'il résulte encore des pièces de l'instruction « charges suffisantes contre Guillaume Henri, d'avoir, dans « la journée du 26 juin, et près des cases à nègres de l'habitation des Basses, tenté de commettre un homicide « volontaire sur la personne de Jean-Charles, *en tirant sur* « *lui deux coups de fusil*, dont celui-ci ne fut cependant pas « atteint, tentative manifestée par un commencement « d'exécution, et qui n'a manqué son effet que par des « circonstances indépendantes de la volonté de son auteur, « ce qui constitue le crime prévu, etc.

« Attendu qu'il résulte aussi contre Oscar Sauvaire et « Ludolphe, charges suffisantes de s'être rendus complices « de la tentative d'homicide, etc.

« Attendu qu'il résulte encore charges suffisantes contre « Oscar Sauvaire, d'avoir, le 26 juin, commis volontaire-« ment un homicide sur la personne de Jean-Charles, en « *tirant sur lui un coup de pistolet, après lequel il tomba presque im-* « *médiatement*, etc.; qu'il résulte contre lesdits Guillaume « Henri et Ludolphe charges suffisantes de s'être rendus « complices de cet homicide commis volontairement.....

« Ordonne la mise en accusation desdits, et les renvoie de-« vant la Cour d'assises de la Pointe-à-Pitre, pour y être « jugés, par arrêt séparé, sur les faits à eux imputés. »

Est-il besoin de faire ressortir tout ce que cette pièce,

rapprochée du réquisitoire de M. Poyen, a de significatif?

Pendant que les nouveaux libres étaient incarcérés sur un simple soupçon, de quels ménagements n'usait-on pas envers trois blancs accusés de meurtre? Aux uns, on imputait d'affreux projets, tandis qu'on niait presque le crime des autres, bien que la prévention reposât sur l'élément de preuves le plus irrécusable, la matérialité, le corps même du délit! Si l'on requérait à l'égard des premiers gardés en prison, c'était afin d'obtenir une condamnation; quant aux seconds, bien loin de là, c'était pour les soustraire au jugement, alors même que leur fuite semblait ajouter aux charges de l'accusation. Ainsi, trois coups de feu tirés sur un nègre par trois blancs laissent *des doutes* sur le genre de mort de ce malheureux : le magistrat chargé de poursuivre d'office les crimes et délits n'intervient que pour conjurer la rigueur de la loi, et il faut que la Chambre d'accusation passe outre pour que la justice suive son cours! Est-ce assez éloquent, et peut-on s'étonner après cela que M. Poyen (colon d'ailleurs) ait été, en récompense de sa loyale conviction, nommé tout récemment, par M. Romain-Desfossés, procureur de la République à Saint-Pierre, l'un des premiers siéges des Antilles!

Lorsque les fonctionnaires les plus élevés de l'ordre judiciaire commettent de telles *erreurs*, quelle confiance peut-on avoir dans leurs appréciations? Un des côtés les moins étranges de cette lutte de castes est de n'avoir vu sur le banc des accusés que des figures noires et jaunes! Si de tels contrastes échappent aujourd'hui aux préoccupations de la France, une place leur revient dans l'histoire impartiale des colonies, et le jugement qu'elle portera à son tour sur les actes de la justice de l'époque ne leur manquera pas!

§ 5. — LE MINISTÈRE PUBLIC ABANDONNE LE CHEF D'ACCUSATION DE COMPLOT.

Nous le répétons, non, il n'y a pas eu de conspiration mulâtre à la Guadeloupe; la disjonction prononcée d'abord et les débats ensuite sont venus donner à l'administration, au parquet et aux magistrats instructeurs qui affirmèrent le complot, un démenti solennel.

Dans son réquisitoire, le procureur général titulaire, M. Rabou, tout en abandonnant à regret ce chef d'accusation, s'est vu obligé de constater l'impuissance du ministère public à justifier cette calomnie officielle :

« Si nous n'allons pas, a-t-il dit, jusqu'à soutenir qu'il y
« ait eu, dans le sens légal, un complot organisé, ayant pour
« but de provoquer à la guerre civile, d'exciter à commet-
« tre tous ces attentats contre les personnes et les pro-
« priétés, nous établissons du moins l'existence de menées
« et d'influences coupables qui devaient nécessairement
« entraîner de semblables résultats. » Quand on n'y met ni bonne volonté, ni bonne grâce, il nous parait difficile de se désister plus clairement. S'il n'y a pas eu de complot dans le *sens légal*, que poursuivait donc M. le procureur général ? était-ce la complicité morale ? Dans le passage que nous venons de citer, M. Rabou maintient, il est vrai, l'existence *de menées et d'influences*, — nous verrons tout à l'heure qui s'en est rendu coupable, — mais la conséquence de ses paroles est évidemment qu'il renonce à croire *que la révolte était organisée de longue main, et que les élections n'en ont été que le prétexte.* Nous avons donc le droit de le dire, cette fois ce n'est pas seulement la Cour d'assises qui repousse les mensonges des inventeurs de la conjuration permanente des noirs et des mulâtres : c'est l'accusation elle-même qui recule devant son œuvre. Ainsi, l'histoire, la conscience des juges, la force de l'évidence, tout fait justice d'une machination détestable.

Nous allons maintenant démontrer, en interrogeant les faits avec la même sévérité, que les événements de Marie-Galante sont tout fortuits, et que les nouveaux citoyens, loin d'avoir été les agresseurs, ont été, au contraire, les victimes de mille provocations.

CHAPITRE III.

Origine des événements de Marie-Galante.

---

§ 1er. — UNE ARRESTATION ARBITRAIRE EST LA PREMIÈRE CAUSE DES DÉSORDRES.

Le 1er février 1850, par arrêt de la Cour d'appel de la Guadeloupe, chambre des mises en accusation, sur cent cinquante inculpés dans les événements de Marie-Galante, soixante-neuf étaient relaxés et soixante-douze renvoyés devant la Cour d'assises de la Pointe-à-Pître. Cinq prévenus décédés en prison, les trois blancs, accusés du meurtre de Jean Charles, à qui on faisait la faveur de les juger séparément, un autre accusé, dont le jugement avait été ajourné pour supplément d'instruction, complétaient le personnel de ce procès-monstre. La plupart des inculpés, détenus depuis neuf mois, avaient insisté vainement pour être rendus à la liberté ou pour obtenir des juges ; on est en droit de s'étonner d'une détention préventive infligée à soixante-neuf citoyens et prolongée, pour quelques-uns, jusqu'à neuf mois, dans une petite colonie où tous les éléments de l'instruction sont sous la main du juge.

Pendant tout le temps que durèrent les enquêtes, contre-enquêtes, interrogatoires, etc., les malheureux prévenus restèrent entassés dans les casemates trop étroites du fort Richepanse. Cinq y périrent, cinq ! faute par l'administration de tenir compte du rapport de M. Cornuel, médecin en chef de la marine. L'homme de l'art avait courageusement déclaré que, dans l'état des choses, le séjour des casemates était mortel.

Enfin, le 11 mars 185?, les débats s'ouvrirent.

Nous allons d'abord démontrer, avec les dépositions des témoins à charge eux-mêmes, que les tristes événements de Marie-Galante ont été provoqués par une arrestation arbitraire. Tout l'intérêt du procès se concentre sur ce point. S'il est prouvé que la mesure prise à l'égard d'un citoyen qui distribuait des bulletins de vote est la cause directe des désordres, il est évident que l'accusation de complot organisé tombe d'elle-même. S'il est prouvé de plus que l'arrestation était illégale, le fait de provocation rejette la responsabilité des événements sur les provocateurs, et il détruit de fond en comble la prétendue complicité.

Nous ne sommes pas tentés d'excuser les excès, les crimes commis, mais on les a tant exploités contre les nègres, que nous voulons dire quelques mots, non pas, loin de nous cette pensée, non pas pour justifier, mais pour expliquer l'égarement des coupables. Les électeurs noirs, réunis au Grand-Bourg, voient arrêter arbitrairement et garotter un homme à qui ils accordent leur confiance; ils ont le tort, dans le premier moment d'indignation, de demander sa mise en liberté; ils ont le tort de vociférer autour de la troupe. Comment réprime-t-on ces fautes? En fusillant des groupes *désarmés* qui se bornaient à crier, qui n'avaient commis aucune voie de fait. L'autorité était dans son droit légal, elle tirait sur des hommes qui ne voulaient pas cesser de réclamer un prisonnier; soit : mais ce droit, n'en a-t-elle pas trop cruellement usé? Voilà la question que nous posons hardiment. Quant à nous, rien au monde ne pourra nous empêcher de soutenir qu'avec la puissance morale qu'exerce sur les anciens esclaves la présence de la troupe sous les armes, il était facile de ramener l'ordre sans effusion de sang. Ceux qui ont vu les morts sont devenus fous de colère: ils ont cru, nous disons, ils ont cru, que les blancs qu'ils savaient occupés depuis longtemps à préparer leurs fusils (1), voulaient les massacrer; ils ont cru « que la guerre était déclarée; » c'est une expression qui s'est cent fois retrouvée dans les débats; ils n'avaient pas de fusils, ils ont pris des torches !.... Parmi ces incendiaires, ces dévastateurs, il y avait plus d'un malheureux horriblement aveuglé par le désespoir, qui pensait venger ainsi la mort d'un frère, d'un père, d'un fils tués sous leurs yeux par la mousqueterie. Encore une fois, nous ne prétendons pas excuser des crimes, nous expliquons, on jugera.

Tels sont les faits en masse, arrivons aux charges. Voici comment le procureur général formule son accusation contre l'honorable M. François Germain :

« A son arrivée, *il fut aussitôt entouré* par un groupe nom-
« breux. Il recommença les mêmes manœuvres que la
« veille. Le garde-champêtre Bacot et le gendarme Caire
« s'en aperçurent. *Il s'emparait des bulletins des électeurs et en*
« *distribuait d'autres,* il parlait avec chaleur et *se laissa emporter*
« *jusqu'à dire que Bacot serait cassé, qu'un· fonctionnaire public*
« *n'avait pas le droit de s'occuper d'élection,* faisant allusion sans
« doute aux invitations du maire, transmises par cet agent
« aux cultivateurs, qui refusaient de voter avant l'arrivée
« de leur chef. Conduit devant le maire, l'accusé n'avait
« pas eu le temps de faire disparaître les bulletins qu'il
« venait d'arracher aux cultivateurs *sans les consulter.* » (Acte
d'accusation.)

Il se laissa emporter jusqu'à dire qu'un fonctionnaire public n'avait pas le droit de s'occuper d'élection ! Voilà un des crimes de M. François Germain. Dans son impartialité, M. le procureur général oublie qu'il existe une circulaire de M. le gouverneur général des Antilles, où il est dit : « J'userai de tous les moyens de répression qui me « sont attribués contre les fonctionnaires qui s'immisce-

----

(1) « Les travailleurs venaient souvent me dire que les blancs fai-
« saient des balles ; que les blancs nettoyaient leurs armes; qu'ils vou-
« laient *gourmer.* » (Interrogatoire de M. Alonzo, *Progrès,* 21 mars.)

« Nous sommes entrés chez M. Bauséjour; j'ai pris deux poids en
« plomb; je les ai jetés dehors, en disant: C'est avec cela que les
« blancs font des balles pour tuer nos frères » (Interrogatoire d'Hippolyte, *Progrès,* 28 mars.)

« raient dans les opérations électorales, et qui y concour-
« raient autrement que par l'émission de leur vote. »

De son côté, dans son rapport au procureur de la République, le maire explique les faits de la manière suivante :

« Le lundi 25, les bureaux se sont ouverts à sept heures
« du matin. Un grand nombre d'électeurs, parmi lesquels
« se trouvaient ceux mêmes qui avaient voté la veille, en-
« touraient la mairie; deux ou trois se sont présentés et ont
« déposé leurs votes ; puis, personne ne se présentant plus,
« je suis sorti, et j'ai engagé les citoyens qui n'avaient pas
« encore déposé leur bulletin à lefaire. Le garde champê-
« tre Michel Bacot et le gendarme Caire m'amenèrent alors
« le citoyen Sans-culotte de l'habitation Beaurenom, qui en-
« gageait les cultivateurs à ne pas voter avant l'arrivée de
« leur chef. Ce fait a été constaté par un procès-verbal. (Quel
« crime !) Vers dix heures est arrivé le citoyen Jean-Fran-
« çois Germain, qui ne faisait pas partie du bureau et qui
« avait voté la veille. *Il a été immédiatement entouré* par un
« groupe considérable, qu'il s'est mis à pérorer *dans un but*
« *de désordre.* Il leur demandait leurs bulletins, les déchi-
« rait et leur en distribuait d'autres. (Vous leur en aviez
« donc déjà distribué, monsieur le maire?) *Le garde Bacot et*
« *le gendarme Caire, ayant entendu ses propos séditieux,* l'ont
« arrêté et conduit devant moi. Après avoir dressé procès-
« verbal de ce fait, j'ai requis de M. Nicolas Hoüelche, ca-
« pitaine des chasseurs à cheval, deux hommes de sa com-
« pagnie et deux gendarmes pour opérer la conduite au
« Grand-Bourg du citoyen Jean-François. »

Voyons maintenant ce que dit M. François Germain dans
son interrogatoire.

« A mon arrivée, j'ai trouvé ces messieurs réunis sur
« les glacis de M. Théophile Bonneterre. Tous les citoyens
« sont venus me dire que Bacot distribuait des bulletins
« Bissette et Richard. Je leur ai dit qu'un garde champêtre
« n'avait pas le droit de faire de la propagande, et que
« j'allais me plaindre. Quelques personnes étaient réunies
« près de moi et parlaient haut. C'est alors qu'on est venu
« m'arrêter *et me frapper.* M. Desondes m'a insulté et m'a dit
« que c'est d'ordre du commandant que l'on m'arrêtait.

« M. Roussel et d'autres personnes, pendant que j'étais
« arrêté, m'ont craché à la figure, en me disant que nous
« étions des scélérats qui voulaient voter pour d'autres
« scélérats comme nous : Schœlcher et Perrinon. » (Au-
« dience du 12 mars, compte-rendu du *Progrès*.)

Le maire qui a ordonné l'arrestation de M. Germain maintient ses dires; mais le gendarme Caire et le garde champêtre Bacot, qui ont exécuté ses ordres, font les dépositions suivantes. Nous les copions, à dessein, dans le
compte-rendu de *l'Avenir*, l'un des organes de la réaction,
qui ne saurait être suspect de partialité en faveur des
accusés.

« *M. le président*, à Bacot : Q'avez-vous dit à M. le maire,
en lui conduisant Germain ?

« — J'ai dit à M. le maire que, lorsque Germain est arrivé
il a été entouré; mais je n'ai entendu que ces mots : « *Bacot
sera cassé.* » Caire doit avoir entendu autre chose; il était
plus près que moi.

« *M. le président*, à Caire : Qu'avez-vous dit à M. le maire,
en lui conduisant Germain ?

« — J'avais entendu Germain demander à quatre ou cinq
cultivateurs : « Qui vous a donné ces bulletins? — C'est
Bacot, lui répondit-on. — Eh bien! Bacot sera cassé (1).

« D. Vous n'avez rien entendu autre chose. — R. Non.

« D. à Théophile Bonneterre : Vous persistez à dire que
l'on vous a rapporté que Germain tenait des propos séditieux? — R. Oui.

« D. à Caire : Quelle consigne le maire vous avait-il
donnée? — R. *Celle de faire attention à ceux qui viendraient
comme la veille* CHANGER LES BULLETINS *et empêcher de voter
librement.*

« *M. Pory-Papy* (l'un des défenseurs) : Ainsi la consigne
était de conduire devant le maire ceux qui changeaient les
bulletins.

« *M. Bonneterre : Non,* mais ceux qui excitaient en disant
que l'on voulait retirer la liberté.

(1) M. Germain, dans cette réponse, faisait sans doute allusion à
la circulaire du gouverneur général, que nous avons mentionnée plus
haut.

« D. à Bacot. Quelles instructions aviez-vous reçues de M. le maire? — R. Comme la veille M. Germain avait été vu au milieu de tous les groupes, et que ce jour-là les cultivateurs *refusaient de venir voter*, M. le maire me dit de surveiller et d'amener devant lui ceux qui les empêcheraient de voter *ou leur prendraient leurs bulletins*, de surveiller surtout Germain. » (Audience du 26 mars. *Avenir* du 3 avril.)

A l'audience du 28 mars, un témoin, M. Pasquier Philéas, propriétaire au Grand-Bourg, dit qu'il a su *par Caire et Bacot* que M. Germain cherchait à faire croire que la liberté était menacée, « mais qu'il n'ose pas affirmer que Germain ait tenu les propos qu'il vient de rapporter : *il ne les a point entendus.* » (*Avenir* du 3 avril, 2e sup.) En réponse à M. Desondes, autre témoin à charge, qui soutient que Bacot lui a fait part des excitations de M. Germain, le garde champêtre, interrogé, renouvelle sa première déposition en ces termes :

« *Bacot* : Je ne me rappelle pas avoir parlé à M. Desondes. Il se peut cependant que je lui aie parlé, mais *je n'ai pas dit que Germain tenait des propos séditieux.*

« D. à Bacot : Avez-vous entendu dire que Germain inspirait des craintes sur la liberté ? — R. *On le disait de tout le monde;* on voyait bien que Germain formait toujours des groupes. » (*Avenir.*)

Après la lecture de ces différentes dépositions ne reste-t-il pas démontré que M. Germain ne tenait pas de propos séditieux et que, malgré les efforts du maire pour se justifier, l'arrestation de ce citoyen a été un acte arbitraire? Rapprochez cette violence de la déclaration du commandant particulier de Marie-Galante, confessant à l'audience du 26 mars que *pour empêcher Germain de retourner le lundi aux élections*, il le fit, en sa qualité de chef de la milice, commander de service, et vous demeurerez convaincu que ce citoyen a été arrêté uniquement parce qu'on craignait son influence sur les cultivateurs qui l'attendaient, uniquement parce que sa présence dérangeait les calculs de ceux qui espéraient engager les noirs, à leur insu, dans leur combinaison électorale.

Est-il difficile maintenant de comprendre l'irritation de

la population en présence d'une telle atteinte à la liberté individuelle? Comment! des électeurs sont réunis : aux invitations qu'on leur fait de déposer leurs votes, ils répondent unanimement « que pour voter ils attendent l'arrivée de leur chef » (Réquisitoire du procureur général), et quand ce chef, c'est-à-dire l'homme investi de leur confiance paraît, on l'arrête! pourquoi? Parce qu'il distribue, dans le plein exercice de son droit, des bulletins de vote et déchire, sur la présentation des cultivateurs, ceux que le maire, fort illégalement, leur avait fait distribuer! Viendra-t-on dire qu'il usait de fraude, de violence? Impossible. N'a-t-on pas avoué que les nègres *l'attendaient?* dès lors, n'est-ce pas sur leur demande directe qu'il change leurs bulletins? Est-il rien de plus innocent, de plus constitutionnel? Est-il dès lors rien de plus coupable que de le garotter sous les yeux mêmes de ses amis, malgré son offre de se rendre avec un seul gendarme près de l'autorité compétente? En vérité! en fallait-il davantage pour porter le trouble parmi les cultivateurs? Non, certes, et l'accusation l'a reconnu elle-même en disant que « *l'arrestation de Germain devait inévitablement trouver une résistance bien forte de la part des noirs.* » Si un pareil fait se passait en France, l'opinion publique le flétrirait comme un scandaleux abus de pouvoir. Aussi quand le procureur général, M. Rabou, s'efforce de justifier la conduite de M. Bonneterre, il en est réduit à s'appuyer sur les dépositions de ce maire et sur celle de M. Desondes, infirmées, comme on l'a vu, par les réponses aussi nettes, aussi catégoriques qu'invariables du gendarme Caire et du garde-champêtre Bacot. Prétendra-t-on que ces deux témoins ont atténué les faits? Dans quel but? On doit, au contraire, non pas s'étonner de leur sincérité, mais l'admirer; il leur a fallu beaucoup de conscience et de courage pour soutenir la vérité; leur intérêt, en raison de leur position tout à fait dépendante, aurait pu les entraîner à ne pas contredire d'une manière aussi formelle les assertions d'un maire blanc et celles de l'accusation. Leur position inférieure même augmente le poids de leurs déclarations, qui restent acquises au citoyen François Germain.

Voilà donc un premier point inébranlablement établi : l'arrestation du citoyen François Germain, cause de tous les malheurs qui ont désolé Marie-Galante, était illégale.

§ 2. — VIOLENCES DE LA RÉPRESSION.

Le témoignage de M. Hoüelche, que nous reproduisons d'après *l'Avenir*, montrera aussi que la conduite de ce capitaine des chasseurs à cheval (milice composée presqu'entièrement de blancs propriétaires) n'a pas peu contribué à amener des représailles de la part de la foule.

« Je dis au maire, dépose ce témoin, qu'il me fallait con-« duire Germain avec une partie de ma compagnie. Je « partis en effet avec seize hommes ; nous étions entourés, « j'engageai les assaillants à se retirer. Nous ne tardâmes « pas à être assaillis. On disait : Il ne faut pas les laisser « passer... Sainte-Rose Arsonneau particulièrement excitait « les masses. Au même moment, je reçus un coup de pierre « entre les deux épaules ; mon lieutenant fut blessé. *Je fus* « *obligé de commander le feu.* Plus loin, Germain tombait de « cheval *et il tombait volontairement.* Arrivés devant la mai-« son de Bonhomme, un millier de piques (1) barraient la « route. Je demandai le passage : Non ! non ! cria-t-on ; « vous ne passerez pas ! Zami Claudie, en avant, criait aux « armes. Il s'approcha de moi avec une pique ; je me ren-« versai sur mon cheval pour éviter le coup et je tirai en « appuyant mon pistolet sur la poitrine à Zami Claudie, « qui *tomba* ; je crus l'avoir tué (2)..... Je remontai chez « M. Bonneterre qui me dit qu'il ne savait plus que faire, « que les nègres empêchaient même qu'on fît boire les che-« vaux des chasseurs que j'avais laissés chez lui. Le maire « *se décida alors à faire les sommations,* qui furent répétées à « plusieurs reprises. Les groupes ne bougèrent pas ; alors « je me vis contraint de commander le feu, qui fut réitéré « trois fois. » (Audience du 26 mars, *Avenir.*)

(1) Le lecteur ne doit pas oublier que ces *piques* sont de longues gaules de bois dont l'extrémité est simplement durcie au feu.

(2) Zami Claudie a eu le corps traversé par la balle de M. Hoüel-che ; la conservation de sa vie est un miracle.

Zami Claudie est un vieux nègre boiteux, infirme, qui nie en ces termes avoir même menacé M. Hoüelche : « Pendant « que j'étais à mon jardin q' est à la limite de la grande « route, j'ai entendu la cava... qui s'avançait au milieu d'un « grand bruit. Au même ins... t j'ai entendu trois coups de « fusil; étant infirme et ne pouvant pas bien marcher, j'ai « voulu me mettre à l'abri. Ne pouvant pas courir aussi « bien qu'un autre, je ne me battais pas, et si je n'étais pas « infirme, je n'aurais pas été blessé, car j'aurais fui. C'est « M. Hoüelche qui m'a tiré une balle. » (*Progrès* du 17 mars.) « J'étais appuyé sur ma petite canne, c'est ce que « M. Hoüelche a pris peut-être pour une pique. » (*Progrès*, 7 avril). Mais ce n'est pas seulement sur Zami Claudie que le capitaine de milice a tiré à bout portant : quelques heures avant, il avait tué un autre noir. « Je m'adressai, « dit-il, à un individu que je connaissais, le nommé Jean- « Pierre, je lui dis de s'éloigner; il me porta un coup de « pique qui m'atteignit à la jambe; le sang en rejaillit. Je « saisis mon pistolet et le déchargeai sur lui. Cet homme « est mort à l'hôpital. » (Compte-rendu du *Progrès*.)

Quant aux décharges faites en dernier lieu sur les grou- pes, *le Progrès* complète ainsi les détails que nous fournit *l'Avenir* : « Il me fallut, dit M. Hoüelche, commander le feu, « puis un second, puis un troisième, exécutés par les quinze « hommes d'infanterie de marine. CE N'EST QU'APRÈS *ces trois* « *feux* que le rassemblement quitta la savane. Il alla se por- « ter à six ou sept cents pas pour mettre le feu à une pièce « de cannes. Mais je dois dire que les individus qui met- « taient le feu *ne tardèrent pas à l'éteindre eux-mêmes.* » *Progrès* du 7 avril.)

Cependant M. Hoüelche, qui tire à bout portant sur deux hommes, tue l'un et traverse le corps de l'autre d'une balle, qui fait fusiller par trois fois des malheureux sans armes, sous prétexte d'agression et de blessures, M. Hoüelche, le héros de cette funeste journée, récompensé, sur la proposi- tion de M. Tracy, par l'étoile des braves, est de tous ceux qui l'accompagnaient celui qui a été atteint le plus sérieu- sement; encore n'a-t-il été touché à la jambe que par une pique de bois, ce qui ne l'a pas empêché de faire son ser

vice toute la journée. Ce simple rapprochement peut faire
apprécier, d'une part, le danger des attaques des assaillants; d'autre part, ce que l'accusation appelle les néces-
sités de la défense! En tous cas il reste constant, d'après
la propre déposition de M. Hoüelche, que « c'est seulement
« *après les trois feux de peloton* que le rassemblement alla in-
« cendier une pièce de cannes. » L'incendie fut donc un
acte de vengeance, toujours très-coupable, mais provoqué
par la fusillade.

Nous nous sommes imposé la loi de respecter la vie
privée des personnes dont nous discutons les actes offi-
ciels : cependant, il nous est impossible de dissimuler un
trait particulier propre à faire apprécier le caractère qu'a
pu avoir l'intervention de M. Hoüelche dans ces événements.
A notre sens, de même que la conduite de M. Bonneterre
est la cause originelle des désordres, de même, l'emportement de caractère du capitaine des milices est la cause de
la collision sanglante. Or, nous trouvons une constatation
nouvelle de cet emportement de caractère dans une condamnation pour voies de faits encourue par M. Hoüelche,
le 18 mars 1850 (1).

On prétend que M. Rabou, toujours impartial et surtout
jaloux de l'honneur de la magistrature, aurait dit en ap-

(1) M. Jean-Sébastien, le 23 décembre 1849, se présente chez
M. Hoüelche pour réclamer le paiement d'un billet de 194 fr., souscrit
à son ordre, le 25 septembre 1848, pour solde de ses gages d'économe. Le débiteur déclare qu'il ne peut donner ni total ni à-compte,
M. Sébastien se plaint et insiste. Aussitôt M. Hoüelche, qui se croit
toujours au bon vieux temps de l'esclavage, se précipite sur son
créancier et lui applique un si rude coup de poing sur le visage que
le sang jaillit par le nez et injecte l'œil droit. Les mulâtres ne res-
pectent plus rien, ils ne reçoivent plus les coups des blancs sans les
rendre ; M. Sébastien commence par se défendre vigoureusement, et
ensuite il porte plainte, après avoir fait constater par un médecin la
gravité de sa blessure. M. Hoüelche porte également plainte comme
ayant été battu par son ancien économe. Aux débats, les témoins re-
nouvellent les dépositions qu'ils ont faites dans l'instruction, et il en
résulte que c'est le capitaine qui a le premier frappé son créancier.
La Cour, jugeant en police correctionnelle et composée de six magistrats, condamne M. Hoüelche à vingt jours de prison et 200 francs
d'amende, et acquitte M. Sébastien.

prenant cette condamnation : « C'est un arrêt politique, » et il semble avoir fait partager son opinion au ministère, car au nombre des magistrats dernièrement révoqués se trouvent précisément MM. Hardouin, Turck et Leroy, trois des juges qui prirent part avec MM. Cleret (colon), Darchis et Guasco, à l'arrêt de condamnation! Avis aux autres. Il est vrai qu'après un tel jugement il devenait fort embarrassant pour M. Kabou de vanter la modération et la mansuétude de son principal témoin. Ce tempérament trop porté à tout résoudre par les moyens violents, se révèle chez M. Houëlche en maintes circonstances, et nous insistons, parce qu'en raison de son grade il nous paraît avoir eu la plus funeste influence sur les événements de Marie-Galante. Ainsi nous l'entendons encore dans l'audience du 27 mars déposer en ces termes : « M. *Pory-Papy* : Il y « avait alors un ordre général d'arrestation. — *Le témoin* : « J'avais ordre de l'amiral Bruat et du gouverneur de faire « une tournée à la campagne, d'arrêter tous ceux qui à « ma connaissance, avaient pris part aux désordres et « même *de faire feu* si je rencontrais de la résistance. » (*Progrès*, 7 avril.) C'est déjà, chacun en conviendra, une chose exorbitante au dernier degré de donner à un particulier, sans caractère judiciaire, mission d'arrêter qui il lui plaît ; bien qu'aux colonies les autorités se croient trop dispensées d'observer les formes de la loi, c'est déjà beaucoup d'admettre que M. Bruat et M. Favre n'aient pas craint de les mépriser à ce point. Mais comment supposer que leur amour de l'ordre ait été jusqu'à cette monstruosité, en autorisant un citoyen à mettre la main sur tout le monde, de l'autoriser aussi à tuer tous ceux qui résisteraient à l'arbitraire le plus révoltant qui fut jamais. A moins que les deux gouverneurs n'en conviennent, nous penserons toujours que le capitaine des milices de Marie-Galante s'est encore laissé dominer là par sa déplorable facilité à user de l'*ultima ratio*.

On sait les fatales conséquences de ce qu'on appelle l'*héroïsme* de M. Houëlche. Les noirs, fuyant les coups de fusil tirés sur eux à bout portant, se répandirent dans la campagne et mirent le feu à plusieurs habitations. Quelques misérables profitèrent du tumulte pour satisfaire de criminelles rancunes. Autant que personne, nous réprouvons de semblables excès, mais si nous en flétrissons les auteurs, nous n'en devons pas moins protester contre les déclamations dont ces excès ont été le prétexte. A côté d'actes sauvages, n'a-t-on pas après tout à placer des exemples d'une générosité sublime? Les récompenses accordées à des nègres pour leur conduite dans les événements de Marie-Galante, et enregistrées au *Moniteur*, ne viennent-elles pas attester que la masse n'est point solidaire des attentats commis par quelques-uns? On n'est donc pas plus fondé à rendre tous les affranchis responsables de crimes isolés, qu'à reprocher à tous les anciens maîtres le meurtre de Jean-Charles assassiné par trois blancs.

§ 3. — QUELQUES COLONS SEULS COUPABLES DES CRAINTES QUE LES NÈGRES PEUVENT AVOIR SUR LEUR LIBERTÉ.

Arguant du soulèvement qui suivit les fusillades, l'accusation a prétendu que l'arrestation de M. François Germain n'a pas été *la cause*, mais bien le *prétexte dont se sont emparés les agitateurs*. Quoi! c'est le moment où toutes les autorités étaient sur pied, où la milice et la troupe de ligne étaient sous les armes, où le *Cygne*, brick de guerre, venait de débarquer ses marins et ses batteries; c'est ce moment que les électeurs noirs et mulâtres eussent choisi pour s'insurger, eux sans armes, eux assurés de la majorité incontestablement acquise à leurs candidats! On n'imaginerait jamais, d'ailleurs, quelles raisons ont été invoquées par le ministère public pour donner créance à cette version. Il incrimine le calme même qui avait accompagné, à Marie-Galante, la proclamation de la liberté! Lisez: « La proclamation « de la liberté eut lieu à Marie-Galante au milieu d'un « *calme apparent*. Les noirs de la campagne affluaient en ville, « et recevaient, avec une joie tranquille, la nouvelle de ce « grand événement : des danses, des chants, telles étaient « les seules manifestations : le jour suivant les retrouvait « sur leurs habitations respectives, concluant des marchés

« avec leurs anciens maîtres, et montrant les dispositions
« les plus pacifiques. Ces débuts dépassaient toutes les
« espérances *et devaient faire craindre pour l'avenir.* » (Acte
d'accusation.) On saisit bien dans ce passage les étranges préoccupations de M. Rabou. Comment des dispositions pacifiques donnent-elles à craindre pour l'avenir?
Nous lui laissons le soin de l'expliquer, nous n'avons pas à
juger, nous racontons; mais n'est-il pas permis de dire
qu'avec une semblable disposition d'esprit le ministère public ne pouvait apprécier bien sainement toutes choses? On
l'entend constamment parler de mauvaises influences exer-
cées auprès des cultivateurs. Les appréhensions que des affranchis de la veille ont naturellement pour leur liberté, trop
longtemps désirée, trop tardivement acquise, M. Rabou ne
manque jamais de les attribuer à de prétendus meneurs
mulâtres. — Il n'existe de mauvais projets ni contre la liberté
des nègres, ni contre la propriété des blancs : voilà la vérité; mais pourquoi donc, lorsque M. Rabou trouve si simple
que des blancs croient à des complots de nègres contre leurs
propriétés, lorsqu'il y croit lui-même, trouve-t-il impossible que des nègres croient également tout seuls à des complots de blancs contre leur indépendance? Le cerveau des
noirs est pareil à celui des blancs; les soupçons qui nais-
sent dans l'un peuvent parfaitement naître dans l'autre.
L'histoire d'ailleurs expliquerait encore de pareilles craintes, surtout pour les noirs de la Guadeloupe, qui, déjà libé-
rés une fois par la grande Révolution, se sont vus barbare-
ment rejetés dans l'esclavage. M. Rabou suppose des
menées occultes de la part des mulâtres; il s'attache, pour
les incriminer, à des fantômes, et il ne veut pas écouter
quelques anciens maîtres dont le langage inconsidéré com-
promet réellement la tranquillité publique (1). C'est encore
un des organes des rétrogrades qui nous fournit la citation
suivante :

« Louis Nelson, dit Beaurenom, renvoyé à sa place, rede-

_____

(1) Nous renvoyons aux *annexes*, lettre A, la discussion d'un article
du *Journal des Débats*, où l'on verra si ce sont les mulâtres qu'il est
juste d'accuser.

« mande à parler. Il revient et dit que les blancs, sur la
« savane, disaient tout haut qu'on avait besoin des nègres
« pour travailler, non pour voter; que c'était la dernière
« fois qu'ils votaient et *qu'on leur ôterait leur liberté.* Il ajoute
« que les blancs les ont attaqués, les ont tués à coups de
« fusils.

« *M. le procureur général :* L'accusé a dit avoir entendu dire
« par des blancs qu'on ôterait leur liberté aux noirs; peut-
« il nommer ceux qui ont tenu ce propos? — R. M. Dacos
« père, M. Bonneterre. » (*Avenir* du 20 mars.)

Un autre accusé, Antoine, s'exprime ainsi :

« J'ai été voter dimanche à la Capesterre; M. Saint-
« Georges Lacavé nous a dit : « Allez voter, c'est la der-
« nière fois; *vous recevrez après cette fois vingt-neuf coups de
« fouet.* »

L'accusé Cétout ajoute encore :

« Je voyais les blancs descendus à cheval, armés; ils di-
« saient qu'il fallait *leur payer notre liberté.* Je craignais pour
« elle, j'ai été alors prendre un fusil!

« *Le président :* Personne ne veut prendre votre liberté.
« — R. Vous dites cela, vous, mais les blancs de Marie-
« Galante ne disent pas cela! Ils disaient *que notre liberté
« c'est feuille banane.* Je n'ai rien fait. Je voulais défendre ma
« patrie. Je voyais un gros bâtiment mouillé à Marie-Ga-
« lante; les blancs courir avec leurs pistolets dans les che-
« mins; je voyais le vesou (jus de canne) sortir dans les
« bacs; c'était la première fois que je voyais une pareille
« chose. J'ai cru que c'était pour retirer notre liberté. »
(Compte-rendu du *Progrès.*)

§ 4. — LES NÈGRES PERSUADÉS QU'ON LEUR AVAIT DÉCLARÉ
LA GUERRE.

Quand d'anciens maîtres tiennent ce langage, où nous ne
voyons, nous, qu'une légèreté imprudente, mais que d'anciens esclaves peuvent prendre à la lettre, n'est-il pas incon-
cevable que le ministère public vienne, comme les journaux
de l'ordre, parler d'émissaires mulâtres qui s'en iraient dans

les campagnes répandre des bruits alarmants pour agiter le pays? Et pourtant, on n'a jamais pu saisir, JAMAIS! un seul de ces prétendus malfaiteurs? Pour lui, tout mulâtre qui a la confiance des cultivateurs est un artisan de désordre; c'est ainsi que l'on a emprisonné les hommes les plus honorables de la classe jaune comme instigateurs de dévastations et d'incendies!

Les nègres ont été poussés à la révolte par les mulâtres! Eh! mon Dieu, avaient-ils besoin d'être excités, les malheureux qui voyaient tomber à leur côté leurs camarades, coupables de réclamer la délivrance d'un prisonnier arrêté arbitrairement? Qu'on lise attentivement le procès, et l'on s'assurera que l'exaspération de tous, comme les inquiétudes de plusieurs, prennent uniquement leur source dans les propos de quelques colons, que nous venons de rapporter; dans la cruelle violence dont ils venaient d'être victimes et dans le désespoir égaré où les avait jetés la perte de leurs frères, de leurs amis, de leurs parents, de tout ce qu'ils avaient de cher.

« Arrivé aux Basses, le feu était dans une pièce de can- « nes. Il y avait beaucoup de monde. Je leur fis des repro- « ches. Je leur recommandai d'éteindre le feu, en leur « disant qu'ils se faisaient tort à eux-mêmes, et qu'ils me « forceraient à rougir. J'étais dans ce moment entouré « d'une foule de personnes qui me dirent qu'ils ne me con- « naissaient pas; que l'on avait tué leurs frères, qu'ils de- « vaient les venger. » (Interrogatoire de M. Alonzo, *Progrès* du 21 mars.)

« D. Qu'avez-vous fait à Gagneron? — R. J'ai fait « comme les autres.

« D. Et à Vidon? — R. Comme les autres.

« Qui vous a engagé à faire cela? — R. C'est la mort de « mes frères. » (Interrogatoire de Michel Charleson, *Progrès* du 28 mars.)

« Les blancs ont tué trop de nègres, il faut que les nègres « fassent aussi quelque chose. » (Déposition du témoin Alexandre, rappelée dans la plaidoirie de M° Percin, *Progrès*, 21 avril.)

« D. Que vous a-t-on fait? — R. On a tué mon frère.

« D. Mais ce n'est pas M. Bonneterre qui a tué votre frère.

« — R. Si ! c'est lui-même qui a ordonné aux soldats
« de tirer sur mon frère, qui était devant une pièce de
« cannes.

« *Le président* : Il fallait obéir aux sommations de l'au-
« torité. — R. Et nos camarades qui étaient tués? Si c'é-
« taient vos camarades, vous auriez fait comme nous ; nous
« faisions la guerre.

« D. Quelle idée aviez-vous quand vous apportiez la paille ?

« — R. Quelle idée avait aussi M. Théophile Bonneterre ?
« C'était la guerre. » (Interrogatoire de Faustin, Jean-Baptiste, *Progrès*.)

Cette idée de guerre se retrouve partout. Claude (habitation Mayoubé) s'écrie : « Tout ce monde, qui vient au-
« jourd'hui pour déposer contre nous, a fait la guerre
« aussi ; maintenant ils viennent faire des mensonges ! » Les
noirs ne comprenaient pas autrement l'injustifiable arrestation de M. François Germain, et l'usage que la milice et
les marins avaient fait si précipitamment de leurs armes.

L'accusé Antoine dit encore : « Un gendarme m'a as-
« sommé de coups de chaines ; il me disait : oh ! le coquin !
« on ne donne plus de coups de fouet, mais je f... des coups
« de chaînes. Tous les *béquais* (tous les blancs) de la Capes-
« terre n'entendent pas plus raison que les soldats ; pour
« rien ils tirent des coups de fusil sur les nègres. »

Cétout, au président, qui lui demande pourquoi il a pris
un fusil, répond de même : « Les blancs étaient armés,
« tuaient mes camarades ; j'ai pris un fusil pour me défen-
« dre ; la mairie de M. Théophile Bonneterre a toujours eu
« du désordre. Depuis le dimanche matin, M. Houëlche disait
« *qu'il ne voulait plus la liberté*; que le fouet allait arriver. Dans
« un jour, on a tué douze des nôtres, et on les a jetés sans
« les enterrer. On voulait prendre notre liberté ! *Personne*
« *ne m'a jamais donné de mauvais conseils*; tout ce que je dis
« est vrai. Vous ne connaissez donc pas, M. le président,
« les blancs de Marie-Galante ! Je connais M. Houëlche,
« depuis mon enfance je suis à son service, il ne peut pas
« sentir la liberté ! Quand on a travaillé un an chez certains
« maîtres de Marie-Galante, ils vous donnent 1 franc ; et,

« si vous faites des réclamations, vous recevez des coups
« de pieds et des coups de poings. »

À l'appui de cette assertion de Cétout, outre la condamnation de M. Houëlche, vient un jugement correction-
nel, du 19 février 1850, qui condamne M. Pelissier Montémont, propriétaire dans cette dépendance, à vingt jours
de prison et 200 fr. d'amende, pour avoir frappé un char-
pentier mulâtre de son habitation, qui, chassé depuis trois
jours, avait l'incroyable insolence de venir réclamer le
paiement de son salaire.

Par ce qu'on vient de lire, on peut juger quelles étaient
les appréhensions des noirs et qui les leur avait inspirées.
M⁰ Pory-Papy a tracé, de cette situation, un tableau tellement saisissant, que nous ne pouvons mieux faire que de
reproduire ses paroles.

« La Guadeloupe et Marie-Galante, dit l'éloquent défen-
« seur, à l'époque des élections, se trouvaient, en quel-
« que sorte, en état de siége. Dès le 23 juin, veille des
« élections, et, par une coïncidence remarquable, la Cour
« d'appel avait évoqué les troubles nés *et à naître* dans la
« colonie, *tous les maires avaient pris des précautions militaires inu-*
« *sitées pour une lutte présumée.* Le 24 juin, les électeurs blancs
« du Grand-Bourg (campagne), revêtus de leurs uniformes,
« traînaient le sabre devant la mairie, et leurs plumets
« flottaient aux yeux des noirs, comme un signal de guerre
« civile. Le surveillant de l'habitation Pirogue, José Mo-
« reau, à leur vue, se frappait la poitrine, et disait haute-
« ment qu'il braverait la mort pour la liberté. *Un détachement*
« *d'infanterie stationnait dans la cour.* Cet appareil formidable,
« appuyé de *deux cent quarante cartouches à balles, mises à la*
« *disposition des chasseurs à cheval,* faisait présager un conflit
« imminent. Le brick de guerre *le Cygne* avait jeté l'ancre,
« depuis trois jours, sur la rade ordinairement déserte de
« Marie-Galante. Vous comprenez, messieurs, l'effet que
« de pareilles dispositions guerrières durent produire sur l'i-
« magination défiante des noirs. Cependant la journée du
« dimanche se passa partout avec calme, au dire de tous
« les documents, de tous les fonctionnaires, de tous les
« maires, de tous les témoins. M. Théophile Bonneterre ne

« sanctionna pas l'arrestation du sieur Sainte-Luce, qui
« distribuait des bulletins de vote aux cultivateurs, et se
« borna à inviter Chéri et Germain à ne point s'immiscer
« dans la police du collége électoral. Plût à Dieu qu'il eût
« persisté dans cette voie de légalité jusqu'à la fin des élec-
« tions; mais il devait subir toute une pression atmosphé-
« rique, chargée, pour ainsi dire, de courants électriques
« contraires; » (Compte-rendu du *Progrès*, n° du 18 avril
1850.)

CHAPITRE IV.

Attitude du procureur général aux débats.

———

L'accusation a-t-elle cherché à nier cet état des choses? Non! Elle a tenté seulement d'en faire remonter la cause aux excitations de meneurs, qui, nous le répétons, sont toujours demeurés inconnus!

Aussi, quand les accusés, revenant sur leurs interrogatoires devant le juge d'instruction, se rétractent à l'audience, le procureur général, M. Rabou, les interpelle d'une façon que nous renonçons à qualifier.

Il apostrophe, par exemple, en ces termes, l'accusé Bouaille, qui rectifie sa déposition écrite :

« C'est un parti pris, aujourd'hui, *de mentir* et d'accuser
« les uns pour défendre les autres! Vous l'avez déclaré au
« juge, dans votre interrogatoire. Entre vous et le juge
« d'instruction, personne n'hésitera! Tout le monde pro-
« noncera contre vous, entendez-vous. (S'animant par de-
« grés.) Croyez-vous nous tromper, en *mentant aussi effron-*
« *tément?* Il faut dire la vérité devant la justice.

« *L'accusé :* Eh bien, c'est ça même; je dis la vérité, à
« présent.

« *Le procureur général : Vous en avez menti!* On ne sera pas
« dupe! » (*Progrès* du 28 mars.)

Cette modération de langage semble, après tout, ordinaire chez M. le procureur général. Nous en trouvons un autre exemple dans le compte-rendu du *Progrès* du 31 mars :

« *Médéric :* Il n'y aura jamais l'ordre à Marie-Galante ; les
« blancs de là détestent trop la liberté. Ils battent les ci-
« toyens. Quand nous avons été à la geôle, ces messieurs
« entraient, et, comme les gendarmes, ils nous frappaient.

« *Le procureur général :* On ne bat pas dans les geôles. *Je*
« *suis autorisé à dire que vous en imposez à la justice.* Les gen-
« darmes ne battent pas ; ils arrêtent, et cela avec beaucoup
« d'humanité.

« *Médéric :* Ce que j'ai dit est vrai. Oui, on nous bat. J'ai
« reçu deux coups de corde. Nous avons été en butte à des
« violences extrêmes. On nous a même menacés, à la geôle,
« de nous faire couper la tête dans la savane, et nous nous
« y attendions à chaque instant.

« *Le procureur général : Vous en avez menti !!!* »

Rapporterons-nous, enfin, cet incroyable incident, qui a
interrompu dans sa défense le jeune et courageux avocat
mulâtre, Me Percin, au moment où, prêtant l'appui de sa
brillante parole à M. Alonzo, l'un des principaux accusés,
il disait : « Fort de notre innocence, nous avons demandé
« une enquête, et l'on n'a pas osé la faire. »

Sur les observations du procureur général, relevant les
mots *on n'a pas osé,* le président dit « que le mot s'ex-
« plique par l'improvisation de la défense, et qu'il laissera
« le soin de le retirer ; qu'il n'y voit aucune mauvaise in-
« tention.

Me Percin répond « qu'en matière d'improvisation, la
« faute est moins à celui qui laisse échapper un mot qu'à
« celui qui le relève. »

M. Rabou n'accepte pas que le ministère public fasse
de faute ; puis, s'adressant au jeune défenseur, il laisse en-
tendre ces inconcevables paroles, que l'on a peine à croire
sorties du banc d'un procureur général :

« Quel est *cet étranger* qui vient insulter ici le ministère
« public sur son siége, sans égard aux bonnes relations qui
« lient la magistrature au barreau ? Quels sont ses antécé-
« dents ? D'où vient-il ? Quel est-il ? Me Percin, qui semble
« connaître l'antiquité, nous forcera de lui rappeler ces
« mots d'un vieillard à des jeunes gens de la Grèce : « *Nous*

« avons vécu parmi des hommes qui valaient mieux que vous. »

« M° Percin répond qu'il est ici en vertu de l'indivisi-
« bilité du territoire français, et demande acte des paroles du
« procureur général. — Refus du président.

« Le procureur général s'écrie : Si M° Percin continue,
« nous prendrons des réquisitions contre lui.

« On remarque un sourire sur les lèvres de M° Percin,
« qui reprend sa plaidoirie. » (Compte-rendu du *Progrès*,
21 avril.)

Nous n'insisterons pas sur ces luttes déplorables, sur ces
tentatives d'intimidation, en public, à l'audience ; mais que
n'autorisent-elles pas à croire, relativement à ce qui a pu
se passer entre les magistrats instructeurs et les prévenus,
lors des premiers interrogatoires, loin de toute publicité ?

Les rétractations nombreuses qui viennent d'être men-
tionnées, le ministère public les a constatées, en disant :
« Pendant deux jours, nous avons eu le triste spectacle
« d'hommes amenés devant la justice et poussant l'aveu-
« glement jusqu'à prétendre que le conseiller instructeur
« avait imaginé ces déclarations. » Après cela, le chef du
parquet n'a pas craint d'ajouter, s'adressant à la Cour :
« Ces interrogatoires vous appartiennent, messieurs ; vous
« avez le droit de rechercher s'ils renferment la vérité, ou
« si elle se trouve, au contraire, dans les rétractations
« faites à l'audience. Votre choix ne saurait être douteux. »

Les juges ont prononcé, nous n'avons pas le droit de cri-
tiquer leur verdict, mais un fait aussi grave que la rétrac-
tation des accusés et de beaucoup de témoins, au grand
jour de l'audience et de la publicité, ne pouvait être passé
sous silence ; alors surtout que l'accusation est fondée
presque tout entière sur les premiers interrogatoires subis
dans le huis-clos du cabinet du juge d'instruction, par des
hommes qui ne savent ni lire ni écrire ; alors surtout que
ces hommes, dès qu'ils entendent aux débats la lecture de
leurs déclarations, protestent énergiquement contre leur
inexactitude, accusant, selon les propres expressions du
ministère public, accusant le conseiller instructeur d'avoir
imaginé les déclarations qu'il leur attribue. Sans l'accuser,
sans porter la moindre atteinte à son honorabilité, ne peut-

on pas croire au moins qu'il s'est trompé souvent, lorsqu'on n'ignore pas que ce conseiller, M. Darchis, ne sait pas un mot de la langue créole? Le noir parle créole ; sa déposition est transcrite en français qu'il ne comprend pas toujours parfaitement, lecture lui est donnée de cette déposition en français, et quand il vient ensuite rectifier à l'audience les erreurs commises, on l'accuse de mensonge!

CHAPITRE V.

Complicité morale. — Le citoyen Alonzo.

Nous avons cherché à mettre en relief les traits les plus caractéristiques du procès de Marie-Galante. On connaît maintenant la véritable cause des tristes événements dont la dépendance de la Guadeloupe a été le théâtre, à la suite des élections de juin 1849. Nous avons analysé les faits matériels; il nous reste à examiner ceux qui se rapportent à la complicité morale des accusés politiques.

M. Alonzo, tant par la position que lui a faite l'accusation que par son mérite personnel, résume en lui tout l'intérêt qui s'attache aux condamnés de cette catégorie. Il est d'ailleurs la personnification de ces anciens affranchis élevés par leur intelligence et la puissance d'une énergique volonté au niveau de leurs anciens maîtres. Nègre ardemment jaloux de l'égalité pour sa race, homme influent, M. Alonzo était fatalement désigné aux rancunes de ceux qui, connaissant sa valeur, ne voulaient cependant pas le traiter en égal. M. Alonzo a été condamné à dix ans de réclusion pour de prétendus discours *qu'un seul témoin*, d'après la déclaration du procureur général dans l'acte d'accusation, *qu'un seul témoin, il est vrai,* A LE COURAGE *de répéter à la justice* (*Progrès* du 14 mars 1850); son crime paraît être bien plus dans son dévouement pour les cultivateurs et leur attachement pour lui que dans sa conduite à l'époque des événements. Si l'on en doutait, la dénonciation suivante, adressée au gouverneur dès le 26 juin, le lendemain même du jour des désordres, et par conséquent alors qu'aucune enquête sérieuse n'avait pu être faite, attesterait les haines profondes qui couvaient contre lui et n'attendaient qu'une occasion pour éclater.

« Marie-Galante, le 26 juin 1849.

« Monsieur le gouverneur,

« C'est *tout un pays* qui gémit sous de nombreuses ruines, « sur des faits déplorables, qui vient *dénoncer l'auteur de tous* « *ses maux*. Il est un homme à Marie-Galante qui exerce la « puissance la plus grande, dispose des masses à son gré, « un homme qui a une influence illimitée sur les nouveaux « affranchis et qui a un état-major d'émissaires fidèles à « leur consigne; cet homme que, pour mettre fin aux mal-« heurs qui pèsent sur notre malheureux pays, nous *dénon-*« *çons* comme le principal moteur de notre situation anor-« male, c'est le citoyen Alonzo.

« Nous avons l'honneur d'être, etc.

« *Signé* : Louis Roussel Bonneterre; — Auguste Rous-« sel; — Bothereau Roussel; — Ducos fils; « — Vergé; — Larray; — Houëlche; — « Roussel Bonneterre; — G. Roussel; « Raynal; — B. Roussel; — Ducos père; — « P. Ducos; — Boulogne, Boulognet; — Gra-« nier de Cassagnac; — Biel; — Wachter, « Égésype; — Jaume; — Espaignet; — Ser-« vant; — Evrard; — Ballet; — Watcher; « — de Montémont; — Boulogne Saint-Wil-« lier; — Giraud Faup; — Briel; — Saint-« Omer Larigot; — Charles Rousselet; — « Philéas Boulogne. »

A la suite de ces signatures on lit :

« *Alonzo n'est pas le seul meneur*; signé : *H. Dauxion, avocat-*« *avoué.*

« *Il en est le chef*; signé : *Oscar Sauvaire*; — *Ludolphe.* »

Parmi ces trente-neuf signataires, trente-quatre ont servi de témoins et les sieurs Oscar Sauvaire et Ludolphe qui dénonçaient le citoyen Alonzo sont précisément les individus qui plus tard ont été poursuivis comme coupables de l'assassinat commis, le jour même de la signature de cette pièce, sur la personne du noir Jean-Charles!!!... Si de pareils témoins n'étaient pas rigoureusement reprochables, de quel poids cependant pouvaient-ils être dans la balance de la justice devant une Cour d'assises qui ne doit aucun compte des inspirations de sa conscience? Ne le voit-on pas? ces trente-quatre signataires ne se bornent pas à signaler de prétendus griefs, ils formulent un jugement : « Pour mettre fin à nos malheurs, nous dénonçons le citoyen Alonzo! » On a mis fin à leurs malheurs en condamnant cet homme qui a montré, dans tout le cours des débats, un caractère d'une noblesse simple et grande, digne des plus belles figures du Plutarque.

La passion politique fut rarement poussée plus loin que dans cette dénonciation. Comment a-t-on pu la signer sans fournir au moins une apparence de preuve? Où donc l'importance que s'est acquise un citoyen suffit-elle pour le rendre responsable de tous les excès qui viendront à se commettre?

Les propriétaires de Marie-Galante reprochent à M. Alonzo son immense influence sur l'esprit des cultivateurs. Les ingrats! Cette influence, il l'avait mise au service de l'ordre, il l'avait employée à rétablir la tranquillité et le travail sur toutes leurs habitations. Laissons à cet égard parler M. Galine soutenant devant la Cour suprême le pourvoi en cassation du noble condamné.

« Alonzo! Etranges et tristes vicissitudes des choses d'ici-bas! Ah! ce n'est pas sans émotion que je prête ici le secours de ma parole à cet accusé. Naguère encore, lorsque le grand jour de l'émancipation s'était levé, lorsque j'apportais aux populations de la Guadeloupe le décret libérateur, je vis Alonzo à Marie-Galante. De la condition d'esclave il s'était élevé à l'état d'homme libre par son travail et l'énergie de sa volonté. Il s'était ensuite créé un commerce et un patrimoine; auprès de lui ses anciens compagnons d'infortune, esclaves toujours, avaient trouvé naturellement bon accueil, assistance et secours. Il était comme le centre des mille liens de la solidarité qu'avait créée entre les noirs l'oppression commune du régime servile. Il avait, en un mot, une grande influence. Quel usage en faisait-il, et quelle reconnaissance lui a-t-on gardée de services incontestables? Voici ce que révèle le procès-verbal des débats lui-même, treizième audience, 29 mars :

« Victor Bothereau Roussel, témoin, déclare qu'étant le « premier de ceux qui devaient déposer à l'audience, on « l'avait fait rester dans une chambre qui se trouve derrière « les gradins où est placé sur le banc d'en haut l'accusé « Alonzo. La porte se trouvant ouverte, et le sieur Alonzo « profitant de cette circonstance, l'a interpellé et lui a dit : « Comment, c'est vous qui avez signé LA DEMANDE DE MA DÉ- « PORTATION! *sans moi vous n'auriez pas le travail sur votre habi-* « *tation, tandis que j'y ai ramené l'ordre et le travail.* »

« M. le président s'adressant à Alonzo lui a dit qu'il ne « souffrirait pas que les témoins fussent menacés par les « accusés, et que, dans son propre intérêt, il l'engageait à « s'abstenir de toute manifestation de ce genre. »

« Alonzo en imposait-il? non. Comme Scipion, il aurait pu répondre à ses accusateurs : Par moi, par mon concours au moins, en 1848, l'ordre et le travail ont été maintenus à Marie-Galante, tous vos intérêts sauvegardés; allons en rendre grâce aux dieux.

« Voici des faits antérieurs au procès et publiés longtemps auparavant.

« A Marie-Galante, en 1848, le commissaire-général, visitant les populations de cette île, avait réuni autour de lui, à la mairie de Grand'Bourg, les principaux propriétaires, des cultivateurs, des citoyens de toutes les classes. Il tenait là, comme en beaucoup d'autres communes auparavant, les assises de l'organisation du travail libre. Le récit de cette séance est consigné ainsi dans le compte-rendu de sa mission :

« L'accusation d'*influence* s'élevait contre M. Alonzo, dont « le nom figure déjà honorablement dans cet écrit (à l'oc- « casion de sa nomination aux fonctions d'adjoint au maire

« de Grand'Bourg). — Mais, messieurs, répondit-il avec
« une grande modération, cette influence, je ne crois pas
« en avoir jamais mal usé; et cela devrait être évident
« pour vous, car beaucoup d'entre vous sont venus me trou-
« ver et m'ont demandé mon intervention pour le rétablis-
« sement du travail sur leurs habitations. J'ai accédé à
« leurs désirs et j'ai eu la satisfaction de réussir. — Le fait
« était vrai; il ne fut pas dénié. Il s'était produit dans
« beaucoup d'autres localités. Voilà ce qui s'est passé sous
« les yeux du commissaire général, en assemblée publique.
« Rois détrônés acceptant difficilement la déchéance, les
« colons n'en persistaient pas moins dans leurs incrimina-
« tions passionnées, sans s'apercevoir qu'ils se montraient
« souvent ingrats envers des hommes auxquels sont dus en
« grande partie le succès de l'émancipation, le maintien de
« l'ordre et du travail, le salut des colonies. Voilà ce que
« dira sans doute un jour l'impartialité de l'histoire..... (1).

« Le jeune et habile défenseur d'Alonzo s'emparait de ce
témoignage devant la Cour d'assises.

« Cette solennelle déclaration, disait-il, sortie des médi-
« tations du cabinet après les émotions de la vie publique;
« cette déposition antérieure au procès, cette voix d'outre-
« mer jetée par le hasard comme une défense providentielle
« au milieu des graves conjonctures qui nous traversons,
« tout ce témoignage emprunte du caractère particulier de
« son auteur une sorte d'irrésistible et mélancolique auto-
« rité..... (2). »

« Voilà, messieurs, ce que je devais rappeler dans l'intérêt d'Alonzo, et pour donner toute leur puissance aux
moyens de cassation qu'il présente.

« La défense a dit que cette affaire était un procès à l'influence d'Alonzo, après une tentative de déportation. Ne
pourrait-on pas le croire, en présence de cet arrêt qui déclare Alonzo seulement coupable de complicité dans la rébellion, pour l'avoir provoquée par *machinations et artifices
coupables!*

(1) *Abolition de l'esclavage à la Guadeloupe et quatre mois de gouvernement dans cette colonie,* par Ad. Gatine. Paris, 1849, page 60.
(2) Plaidoirie de Me Percin, rapportée par *la Liberté,* n° 50.

« Devant vous, nous demandons compte à l'arrêt de cette complicité dont il n'a pas spécifié les éléments en fait. Complice par machinations et artifices! Ah! ceci ne rappelle-t-il pas ces procès des colonies, ces condamnations effroyables, prononcées sur *véhément soupçon?* C'est aux colonies surtout qu'il faut préciser et spécifier les faits dont les citoyens peuvent être appelés à se justifier devant les tribunaux criminels... »

Tel est l'homme que les colons de Marie-Galante dénoncent comme l'auteur de tous leurs maux !!

Mais, dira-t-on, l'accusation a dû formuler contre le citoyen Alonzo quelque chose de moins vague que le crime de sa bienfaisante influence? Non. Parmi les charges accumulées contre lui, la plus grave est celle-ci : « Au moment « où la liberté fut proclamée, lorsque des manifestations de « désordres promptement réprimées remplissaient l'île « d'anxiétés et d'angoisses, quel était le nom invoqué par « les agitateurs qui parcouraient les campagnes? celui d'A-« lonzo. « Alonzo vous demande du secours, » et les noirs « abandonnaient les ateliers, ils s'armaient, (ils s'armaient! « de quoi?) et se portaient en masse sur la ville. Aux élec-« tions de 1848, c'était dans la maison d'Alonzo qu'on ve-« nait prendre le mot d'ordre. » (Réquisitoire du procureur général.)

A cela, il n'y a qu'un mot à répondre. M. Alonzo a été maintenu dans ses fonctions d'adjoint au maire sous les trois gouverneurs : MM. Gatine, Fiéron, Favre, fonctions qu'il exerçait encore le jour de son arrestation! Le véritable crime de M. Alonzo, le voici énoncé dans toute la naïveté coloniale : « Sa maison était un bureau de consultation où les « travailleurs venaient exposer leurs griefs contre les pro-« priétaires; » ce sont les propres paroles du réquisitoire de M. Rabou. Le président M. Beausire est dans les mêmes sentiments; à l'audience du 13 mars, il interpelle l'accusé en ces termes : « Votre maison était toujours pleine de cul-« tivateurs *qui venaient vous consulter.* » (*Progrès*, 21 mars). Quel criminel! les noirs venaient le consulter! Oui, voilà ce qui rendait M. Alonzo si coupable! Se placer entre les propriétaires et leurs anciens esclaves! N'est-il pas évident que c'était préparer l'extermination de la race blanche! Autrefois, la parole, la volonté du planteur ne se discutaient pas, elles s'imposaient; certains colons n'ont pu l'oublier. La preuve c'est qu'à cette époque M. Bayle-Mouillard, ce procureur général embarqué par M. Fiéron, exposait en ces termes les prétentions exorbitantes de certains habitants sucriers :

« D'anciens maîtres, demandant une contrainte impossi-
« ble, rêvent je ne sais quel système de travail forcé, et
« s'emportent contre le magistrat qui refuse de remplacer
« le fouet du commandeur par la verge de la justice dés-
« honorée ! » En de telles conjonctures, comment les relations qui existaient entre M. Alonzo et ses anciens frères de servitude n'auraient-elles pas appelé sur lui la vengeance de ceux qui voulaient *remplacer le fouet du commandeur par la verge de la justice déshonorée?* M. Bayle-Mouillard, chef de la justice à la Guadeloupe, a été banni pour avoir résisté aux entraînements de l'oligarchie coloniale; M. Alonzo ne devait-il pas succomber?

Nous n'analyserons pas les autres griefs qui lui sont imputés par le ministère public. Quelle force, en effet, ajoute à l'accusation sa participation à la création du journal *le Progrès?* « Meneur politique, Alonzo recevait toutes les com-
« munications. En voulez-vous une preuve? Un journal est
« fondé à la Pointe-à-Pitre, le matériel est venu de Paris; »
(Oh! oh! voilà qui est suspect, un matériel de journal *venu de Paris!*); « mais il faut un cautionnement. Le comité de la
« Pointe écrit à qui? A Alonzo, qui est nommé président
« d'une commission dont Maurice Sébastien fait partie. Des
« quêtes s'organisent, et le cautionnement est trouvé! » Assurément cela paraîtra très-grave à un homme qui n'aime pas la presse. Mais depuis quand, sauf pour M. Rabou, la qualité d'actionnaire d'une feuille indépendante implique-t-elle une complicité quelconque dans des incendies et des dévastations? M. Alonzo avait de l'influence! qui le nie? ses convictions politiques l'attachaient au parti qui portait dans les élections MM. Perrinon et Schœlcher! il ne s'en cache pas. Mais qui oserait lui faire un crime d'opinions aussi chevaleresquement exprimées que celles-ci :

« Un jour, dit-il, Ferdinand est venu me demander des
« bulletins ; je lui ai répondu qu'en ma qualité d'adjoint au
« maire, je ne voulais pas en délivrer, et qu'il devait s'adres-
« ser à Maurice Sébastien, s'il voulait voter pour M. Schœl-
« cher. Alors Ferdinand me dit : « Comment trouvez-vous
« Isaac, qui nous dit qu'il ne fallait pas voter pour M. Schœl-
« cher, parce que M. Schœlcher A ÉCRIT *qu'un père pourrait*
« *avoir des relations avec sa fille, une mère avec son fils, un frère avec*
« *sa sœur.* » Alors j'ai répondu qu'Isaac était un imperti-
« nent et qu'après les élections j'allais lui casser la tête. Mon
« intention était de lui proposer un duel pour avoir insulté
« mon ami. Puisque je votais pour M. Schœlcher, sensément
« c'était mon ami. Car quand on insulte mon ami en ma pré-
« sence, je n'ai pas besoin d'aller lui dire cela pour qu'il se
« défende, c'est pour moi une affaire personnelle. C'est
« comme vous, monsieur le président, si vous disiez du
« mal de mon ami, je me ferais une affaire avec vous ; c'est
« personnel, ce n'est pas général. » (Compte-rendu du *Pro-*
grès, 21 mars.)

Un caractère de cette trempe devait infailliblement atti-
rer les haines des incorrigibles. Il était trop fier, trop énergique pour des propriétaires habitués à ne voir dans les nègres que des instruments passifs.

Le procureur général, M. Rabou lui-même, convient, au
reste, « qu'il y avait dans l'existence de cet homme quel-
« que chose qui devait tout d'abord appeler sur lui l'inté-
« rêt et la confiance. Ancien esclave, Alonzo, par son tra-
« vail, par son économie, était parvenu à briser ses fers.
« Libre depuis quinze ans, il se livrait à un petit commerce
« qui pouvait satisfaire son ambition. Naturellement ardent,
« passionné, il ne devait plus conserver l'exaltation de la
« jeunesse, Alonzo a atteint sa cinquantième année, mais il
« est des cœurs dans lesquels les mauvaises passions ne vieil-
« lissent jamais. » C'est pourtant à ce nègre de cinquante
ans, dont les antécédents sont si purs, si honorables, que
l'on impute des projets de massacres et d'incendies. Dans
quel but aurait-il conçu ces affreux desseins ? Nul ne l'a dit.
Est-ce, comme le prétend plus loin l'accusation, parce que
« Alonzo unissait à l'astuce du vieil esclave la violence irré-

« fléchie d'un implacable ressentiment contre d'anciens op-
« presseurs?» Mais si peu réfléchi qu'on veuille le représenter,
pourquoi M. Alonzo aurait-il encouragé une révolte absurde,
sans résultats possibles? Est-ce qu'en agissant ainsi il n'allait pas contre les intérêts évidents de son propre parti?
Comment! vous lui reconnaissez une certaine intelligence,
vous le dites tout-puissant parmi les meneurs, et vous ne
remarquez pas que si vraiment « il est assuré depuis long-
« temps *d'un empire* IRRÉSISTIBLE sur l'esprit des noirs, s'il est
« le chef, le capitaine général, presque le roi de Marie-Ga-
« lante, » l'élection des candidats de son choix est certaine; que, dès-lors, ce n'est pas lui qui peut chercher à
faire naître des causes d'invalidation du scrutin, mais le
parti opposé. En vain objecterez-vous l'organisation d'un
complot; cette invention cent fois détruite le serait une fois
de plus, car tous ceux qui ont été accusés d'être les agents
d'Alonzo ont été acquittés. MM. Maurice Sébastien et Kaifort sont libres aujourd'hui, et M. François Germain lui-
même n'a été condamné qu'à un an de prison *pour délit électoral.*

Le ministère public n'avait cependant pas ménagé ces citoyens. Ainsi, pour M. Germain, voici comme il le dévoile
dans son réquisitoire : « Ancien soldat, la position de Ger-
« main est des plus modestes, il est cordonnier; Germain
« est, en un mot, *un de ces hommes qui ont plus à gagner qu'à perdre
« à un bouleversement social.* » Il ne fait pas bon être ancien soldat et cordonnier quand on tombe sous la main du procureur général de la Guadeloupe. M. Rabou n'avait-il pas encore rapporté ce monstrueux propos de M. Sébastien Maurice
s'adressant aux électeurs noirs : « Ne croyez pas que ce soit
« M. Bissette qui a signé votre acte de liberté, c'est M. Schoel-
« cher. » (Acte d'accusation.) Vraiment, en face de semblables motifs d'accusation n'a-t-on pas quelque droit de se
demander si ce ne sont pas les élus que l'on poursuivait
dans la personne de leurs électeurs? Les extraits de *l'Avenir*,
du *Commercial* et du *Courrier de la Martinique*, que nous avons
cités en commençant, répondent à cette question. Quant à
M. Kaifort, honorable commerçant de la Pointe-à-Pitre, sa
présence à Marie-Galante avait suffi pour le rendre com-

plice de la prétendue insurrection. Suivant le procureur général, « c'est lui et ses deux acolytes (style Rabou) qui « faisaient croire aux habitants de Marie-Galante que la mer « n'ayant pas de maîtres, la terre ne devait pas en avoir da- « vantage. » Malgré cette accusation de communisme, qui manque rarement son effet aux colonies comme dans la métropole, ces prévenus, nous le répétons, ont été reconnus innocents. Nous ne discuterons pas la prétendue doctrine du partage des terres, dont on voulait les faire disciples ; il n'en a pas été question une seule fois dans le procès. Nous avons prouvé autre part que ces bruits, aussi absurdes que coupables, ont été répandus par ceux-là seuls qui s'en font aujourd'hui une arme contre nous (1).

Nous avons dit ce que nous voulions sur le véritable caractère des événements et du procès de Marie-Galante, c'est à l'opinion publique à juger en dernier ressort. Les faits appartiennent à l'histoire. Nous ferons seulement une dernière réflexion : Les soixante-neuf accusés avaient tous des antécédents irréprochables, le fait a été proclamé par Me Lignières, avocat blanc. « Quels étaient donc ces hommes ? dit- « il ; vous les connaissez, vous les avez tous sur ces bancs. « A l'exception d'Hyppolite, qui a subi en police correction- « nelle une légère condamnation, et d'un autre aussi con- « damné en simple police, ils n'ont rien à se reprocher dans « leur passé. Plusieurs d'entre eux ont obtenu dans cette « enceinte d'honorables attestations. »

Vingt-huit des accusés ont été absous, quarante et un condamnés. Nous ne pouvons nous prononcer sur ce verdict ; le respect que l'on doit à la chose jugée nous ferme la bouche. En présence de l'arrêt qui partage entre les quarante et un condamnés trente-sept années de prison, cent-cinq années de réclusion, soixante années de galères, outre une peine de travaux forcés à perpétuité, un seul devoir nous reste à remplir, c'est celui de dire comment furent composées les assises qui ont rendu un jugement aussi rigoureux.

(1) Voir *la Vérité aux cultivateurs et ouriers de la Martinique*, pages 184 et suivantes.

CHAPITRE VI.

Composition des cours d'assises coloniales. — Remaniements effectués dans le personnel de la Cour et des assesseurs, à l'occasion du procès de Marie-Galante.

Dans tous les pays du monde la liberté dont jouissent les citoyens peut se mesurer à la protection que l'organisation même de la justice leur assure. L'inamovibilité de la magistrature ne s'explique que par la pensée qu'elle doit donner aux interprètes de la loi une indépendance absolue, et chez les nations vraiment libres cette protection ne suffit pas encore; le jury, c'est-à-dire le peuple, dans les affaires criminelles ou les procès de presse, prononce en souverain. Ce principe posé, rappelons en peu de mots comment sont formées les Cours d'assises coloniales. Si le caractère des juges est sacré, il n'en est pas de même de l'institution, et nous avons le droit de prouver que sans inamovibilité et sans jury les Cours coloniales sont moralement frappées de suspicion.

L'ordonnance organique de 1828, concernant l'organisation judiciaire dans les colonies, forme les cours d'assises de trois conseillers et de quatre assesseurs. Ces derniers étaient autrefois tirés au sort sur une liste dressée par les gouverneurs et définitivement arrêtée par le roi. Chaque liste comprenait trente habitants *notables*, âgés de trente ans, et fournissait au service des assises pendant trois ans. Cette institution de l'assessorat a été de tous temps jugée mauvaise. En 1845, en renversant la proportion numérique des assesseurs et des conseillers, on tenta de remédier aux scandaleux acquittements qui étaient toujours prononcés dans les affaires de sévices, mais les résultats furent à peu près les mêmes. Les choses arrivèrent à ce point que M. Montebello, ministre de la marine en 1847, put dire à la Chambre des Pairs, séance du 4 août : « Il ne faut pas « oublier que depuis 1815 le gouvernement a pu suivre la « magistrature constituée avec l'assessorat et s'assurer « *qu'elle était loin de répondre aux besoins de la justice...* Qu'est-« ce que l'institution des assesseurs ? C'est un simulacre de « jury. Ce jury incomplet, imparfait, dénaturé, pourrait être « attaqué, etc... » De son côté, mon honorable ami, M. Paul Gasparin, rapporteur de la loi de 1847, qui enlevait aux Cours d'assises la connaissance des crimes commis par les maîtres envers leurs esclaves, disait « qu'il n'avait pas « besoin de rappeler les faits déplorables qui avaient si « malheureusement déçu l'espoir qu'on avait eu d'obtenir « *une justice impartiale.* »

Ce sont cependant des Cours d'assises ainsi constituées qui jugent encore aujourd'hui aux Antilles et qui prononcent des condamnations à dix ans de réclusion contre des hommes comme M. Alonzo! C'est ce jury *imparfait, incomplet, dénaturé,* qui a plus de prérogatives que notre jury métropolitain; car les assesseurs, au lieu de se prononcer seulement comme les jurés sur le fait incriminé, délibèrent avec la Cour sur la position des questions, sur les questions posées et sur *l'application de la peine.* (Art. 77 de l'ordonnance de 1828.)

Après la révolution de février, les décrets d'émancipation, en attendant une organisation complète, ont simplement déclaré aptes à faire partie du collège des assesseurs tous les électeurs, c'est-à-dire que les conditions d'âge et de cens sont actuellement abolies ; mais comme la formation des listes est laissée à l'arbitraire du gouvernement local, les magistrats amovibles se trouvent dominés par une sorte de commission administrative.

Récemment encore, M. Salmon, rapporteur de la loi sur la presse coloniale, qui vient d'être adoptée par l'Assemblée législative, en proposant de faire juger par un tribunal spécial, formé exclusivement de magistrats, les délits de presse, s'exprimait en ces termes à l'égard des magistrats et des assesseurs : « Dans le jugement des délits de presse, la magistrature coloniale nous permet *d'espérer*; l'assessorat nous laisse *le doute*. » On en conviendra, il serait difficile de condamner d'une manière plus dure la justice aux colonies, et jamais nous n'eussions osé formuler une pareille opinion sur l'impartialité des juges d'outre-mer en matière politique.

Néanmoins, qui le croirait? une Cour d'assises composée de semblables éléments ne rassurait pas encore les artisans de tous les troubles à la Guadeloupe; ils travaillèrent au remaniement du personnel appelé à les juger.

Les inventeurs du complot se trouvaient placés dans l'alternative d'être reconnus pour d'infâmes calomniateurs, ou d'obtenir des condamnations.

Nous l'avons dit, le premier acte de la chambre des mises en accusation, présidée par M. le conseiller Cleret (colon), fut, par arrêt du 29 juin, sur le réquisitoire de MM. Baffer et Miltaine, d'évoquer toutes les affaires « *nées et à naître relatives aux élections.* » *Nées et à naître!* Les élections sont accomplies; mais d'autres crimes peuvent se révéler!!

Sur ces entrefaites, le président de la Cour d'appel, M. Hardouin, avait procédé au roulement semestriel des services de la Cour. Voici comment ils furent distribués par ce magistrat, animé des sentiments de justice et d'impartialité que réclamaient d'aussi graves circonstances.

La présidence de la chambre d'accusation fut confiée à M. Foignet, à la place de M. Cléret, qui, ayant rempli cette fonction pendant les deux semestres précédents, ne pouvait légalement y être appelé de nouveau.

A la présidence des assises du troisième trimestre, Pointe-à-Pitre et Basse-Terre, le président de la Cour, d'une indépendance et d'une loyauté depuis longtemps appréciées, se désigna, s'adjoignant MM. Leroy, métropolitain; Beausire, créole.

La présidence du quatrième trimestre fut attribuée à M. Leroy, dont la vieille expérience et la haute intégrité présentaient des garanties à tous. MM. les conseillers Riot et Turk, également métropolitains, lui furent adjoints. C'est à ces assises que, suivant toutes les probabilités, devaient être portées les affaires *nées et à naître* des élections.

Tels étaient dès lors les juges naturels des accusés de Marie-Galante. Mais une substitution complète de personnes ne devait pas tarder à les changer.

A la date du 5 juillet, un arrêt de la nouvelle chambre d'accusation elle-même rend à M. Cléret la présidence de cette chambre, malgré l'ordonnance du président de la Cour qui avait dû pourvoir au remplacement de MM. Foignet et Darchis, conseillers instructeurs des affaires évoquées.

L'acte est insolite; il viole la loi et la raison. Il est anarchique, car il porte atteinte à l'autorité du président; mais qu'importe aux amis de l'ordre? Ils aimaient mieux M. Cléret, homme du pays, partisan avéré *de l'ordre*. Le ministre de la marine s'empressa de son côté de leur venir en aide, en les *débarrassant* du président lui-même. A la date du 25 août, un décret de M. le Président de la République, rendu sur des rapports de l'administration de la Guadeloupe, qui remontent à l'époque précise où surgit la pensée politique de l'évocation des affaires électorales, prive de ses fonctions l'honorable M. Hardouin. Toutefois, cette mesure ne put arriver assez tôt pour empêcher ce magistrat de présider les assises d'août, où furent prononcés cinq acquittements électoraux, présage inquiétant pour la politique aveugle qui dirigeait alors les destinées de la malheureuse Guadeloupe. Le même décret remet à la tête de la Cour M. Beausire, créole qui avait légitimement perdu cette position à la révolution de Février, tout en restant simple conseiller, grâce à la générosité des démagogues, alors dépositaires du pouvoir.

Par une coïncidence surprenante, peu de jours après les cinq jugements dont nous venons de parler, et auxquels M. Leroy avait pris part, le 14 septembre, un arrêté du gouverneur général, M. Bruat, vint compléter cette substitution de juges. M. Leroy, désigné comme président d'assises, est envoyé à la Martinique en remplacement de M. Garnier, appelé à la Guadeloupe! M. Mittaine, révoqué de Février et réintégré par M. le gouverneur Favre au poste de premier substitut intérimaire du procureur général, s'était rendu de sa personne à Fort-de-France pour arracher à l'ignorance et à la faiblesse de M. Bruat cet arrêt de permutation, qui portait la plus profonde atteinte à l'indépendance de la magistrature.

Enlever un juge à son siége dans un but déterminé, c'est une énormité qui n'a guère d'exemple même dans les annales de la justice coloniale, si féconde en ce genre. Dès que M. Perrinon et moi en fûmes instruits, nous remîmes à M. Odilon Barrot, ministre de la justice, la note suivante, qu'il importe de reproduire ici parce qu'elle appartient réellement au procès :

« Monsieur le ministre,

« La dernière lutte électorale à la Guadeloupe, qui amena la nomination à une immense majorité de MM. Perrinon et Schœlcher comme représentants du peuple, a été *précédée et suivie* de collisions très-fâcheuses. Des causes, des origines diverses ont été assignées à ces déplorables scènes. Le devoir de rechercher la vérité sur ce point était imposé au pouvoir judiciaire; mais personne n'ignore quels redoutables écueils créent à l'administration de la justice, dans les colonies, les passions violentes et les intérêts si divers des races qui composent la population. La mission des magistrats était donc plus délicate qu'à aucune autre époque, et comportait des conditions exceptionnelles d'indépendance, d'énergie et d'impartialité. Quelles mesures ont été prises pour assurer à l'instrument judiciaire la parfaite sincérité de ses opérations, la rigoureuse vérité de ses résultats?

« L'organisation de la justice coloniale ne consacre pas au profit des membres des Cours de justice l'inamovibilité, cette garantie fondamentale de la liberté de conscience du juge, des droits du justiciable, des intérêts de la société; la protection de la loi se réduit à la prescription d'un roulement. Tous les six mois, les services judiciaires, la composition des Chambres civiles et d'accusation, celle des Cours d'assises sont réglés par le président de la Cour d'appel.

Ce roulement établi, suivant l'usage, à la fin du mois de juin dernier, pour recevoir son application à partir du 1er juillet, était en cours d'exécution, lorsque la Cour d'appel de la Guadeloupe a été saisie par voie d'évocation de l'instruction des troubles qui ont éclaté à Port-Louis, Sainte-Rose, la Gabarre, Marie-Galante. Selon les règles les plus vulgaires de justice et de loyauté, cette évocation ne pouvait modifier le personnel des magistrats qui devaient statuer sur le sort des accusés, soit comme Chambre d'accusation, soit comme Cour d'assises.

« Mais les partis s'accommodent mal d'une justice sincère. Déjà la composition de la Chambre d'accusation a été altérée, son personnel a été mutilé sans égard pour le roulement et l'autorité présidentielle de laquelle il émanait. Vous êtes saisi, M. le ministre, du conflit qu'a fait naître cet abus de pouvoir; nous ne voulons pas nous appesantir sur sa gravité, ni rechercher quels en ont été les incitateurs, ou quelles secrètes et honteuses espérances on fonde sur lui.

« La vérité n'avait plus pour garantie de sa manifestation que le débat contradictoire. Voici par quels actes on s'est efforcé de détruire cette suprême sauvegarde.

« M. Leroy, magistrat dans les colonies depuis vingt-deux ans, revêtu fréquemment des fonctions de président d'assises, qui a la profonde expérience des hommes et des choses de ce pays, dont nul parti ne peut revendiquer la sympathie, parce qu'il sait que le juge ne doit appartenir à aucun; M. Leroy, disons-nous, était désigné par le roulement de juillet pour présider les assises de la Pointe-à-Pitre qui commencent au mois d'octobre, et pour participer comme juge ou président à la session de la Basse-Terre qui s'ouvre au mois de novembre. Or, à l'incitation de M. Baffer, procureur général par intérim à la Guadeloupe, M. l'amiral Bruat, gouverneur des Antilles, a pris, au commencement de septembre, l'arrêté suivant :

« Nous, gouverneur, etc. Vu nos pouvoirs extraordinaires « mentionnés dans la dépêche du 13 mars 1849, SUR LA « DEMANDE DU GOUVERNEUR PARTICULIER DE LA GUADELOUPE, « AVONS ARRÊTÉ : M. Leroy, conseiller à Cour d'appel de la

Guadeloupe est envoyé conseiller à la Cour d'appel de la
« Martinique; M. Garnier, conseiller à la Martinique, passe
« à la Guadeloupe. »

« Cet arrêté a reçu son exécution immédiate. M. Garnier
a été, en quarante-huit heures, expédié de la Martinique
et installé immédiatement après son arrivée à la Guadeloupe, par la Chambre d'accusation qui siège seule pendant les vacances. Ainsi, *par simple arrêté du pouvoir local*,
plus de deux cents prévenus se voient arracher à leur juge
naturel!

« Cet acte, que l'on n'a pu arracher à MM. les gouverneurs qu'en trompant leur bonne foi, est illégal et odieux ;
à l'un comme à l'autre titre, il doit être brisé sans pitié ; —
l'hésitation serait presque une complicité.

« Les lois et ordonnances constitutives des droits et des
attributions des gouverneurs de nos colonies ne leur ont
jamais conféré un pouvoir aussi exorbitant sur l'ordre judiciaire. Les ordonnances de 1827 ne contiennent aucune
disposition qui puisse justifier une pareille usurpation.

« Ce déplacement constitue, à proprement parler, deux
nominations de conseillers. Toute nomination de magistrats
doit être faite par le président de la République, sous le
contre-seing du ministre de la justice. Hors de là, il n'y a
que irrégularité, incompétence ; — nous ne craignons pas
d'affirmer que toutes les décisions civiles ou criminelles
auxquelles auront participé MM. Leroy et Garnier, dans
les nouveaux siéges qu'ils occupent, seront entachées d'une
nullité radicale et exposées à la cassation.

« Nous ne pouvons apprécier l'étendue des pouvoirs
extraordinaires conférés aux gouverneurs par dépêche du
13 mars 1849; mais leur esprit doit être incompatible avec
de pareilles mesures. D'ailleurs le droit de révocation et
de nomination d'un conseiller à la Cour d'appel n'est pas
susceptible de délégation ; il ne peut être exercé que par
le ministre, et sous sa responsabilité directe.

« Il y a quelques mois, un gouverneur, M. le colonel Fiéron,
obligeait le procureur général à s'embarquer pour la France.
La commission établie au ministère de la marine pour
contrôler les actes des fonctionnaires des colonies, qualifia

cette conduite *d'illégale* et *d'arbitraire*. Quelles expressions emploira-t-elle pour caractériser l'arrêt que nous portons, M. le ministre de la justice, à votre connaissance? Si encore l'illégalité de la mesure pouvait se protéger d'un sentiment honnête, d'une raison plausible et avouable; mais, en vérité, peut-on sonder sans effroi la portée morale et politique d'un pareil acte?

« Nous ne voulons rien dire qui soulève prématurément des questions brûlantes; nous ne voulons pas, quant à présent, faire pénétrer la lumière à travers les sourdes intrigues dans lesquelles la justice se trouve compromise; mais enfin, pour tout esprit sérieux et dégagé de préventions, pour toute conscience honnête, nous le demandons avec une loyale modération, les conséquences immédiates ou prochaines de l'arrêté surpris à la loyauté de M. l'amiral Bruat ne sont-elles pas celles-ci:

« Impuissance de M. Garnier, due aux circonstances qui accompagnent sa nomination, — si impartial, si ferme que puisse être ce magistrat;

« Danger d'une condamnation aveugle et draconienne contre des innocents;

« Absence complète d'autorité pour l'arrêt qui frapperait des coupables;

« Déconsidération et discrédit de la magistrature rendue stérile;

« Découragement des gens de cœur, exposés à être jetés en victimes expiatoires à tel ou tel parti suivant les oscillations de la politique;

« Débordement de toutes les passions mauvaises sur nos établissements coloniaux.

« Nous n'exagérons rien, M. le ministre; l'abolition de l'esclavage a changé toutes les conditions économiques des Antilles. Au milieu de ces désespoirs causés par une domination perdue, de ces énivrements, conséquence d'une existence nouvelle et inespérée, de ces haines enfantées par le souvenir des rapports qui ont existé entre les anciens esclaves et les anciens maîtres, l'ordre judiciaire était peut-être le seul assez fort pour, à l'aide d'une sincère impartialité, éviter une conflagration générale; — et on a eu la

coupable imprudence de le déshonorer en lui donnant les
apparences, sinon la réalité d'une commission extraordi-
naire! Est-il possible qu'un fait qui, en France, exciterait
une indignation universelle, soit toléré là où la justice a de
plus grands devoirs à remplir et de plus grandes difficultés
à vaincre?

« Ces considérations sont d'un ordre bien supérieur aux
querelles de la politique, et doivent lui rester étrangères,
car tous les citoyens ont un égal intérêt au respect et à la
dignité de la magistrature.

« Aussi, M. le ministre nous rendra la justice que cette
note ne contient aucune idée, aucune expression ardente.
En maintenant cette question sur son véritable terrain, celui de l'honnêteté publique, nous nous sommes crus certains d'être entendus de la loyauté de M. Odilon Barrot.

« Nous vous demandons, M. le ministre : 1° de provoquer, de concert avec votre collègue de la marine, la ré-
nion de la commission permanente chargée de la surveillance de l'administration des colonies; 2° son avis obtenu,
de rapporter purement et simplement l'arrêté arraché à
M. l'amiral Bruat, et de réintégrer MM. Leroy et Garnier
dans leurs siéges originaires.

« Ces mesures de réparation doivent être adoptées avec
la plus grande promptitude, *car la session d'assises s'ouvrira, à
la Basse-Terre, dans le cours de novembre.* »

Signé : SCHOELCHER. — PERRINON.

Paris, le 9 octobre 1849.

La honteuse machination que dévoile notre lettre ne saurait être révoquée en doute, puisque le ministre de la
justice, M. Odilon Barrot, après nous avoir lus, rapporta
immédiatement l'arrêté de M. Bruat et replaça, aux applaudissements de tous les hommes jaleux de l'honneur de la magistrature, l'honorable M. Leroy sur
son siége de président des assises. — Etrange effet de
l'empire qu'exercent les meneurs de la réaction coloniale
auprès de M. Romain-Desfossés, il vient de destituer l'incor-
ruptible M. Leroy et de donner de l'avancement à M. Baf-

fer, qui dans cette expédition avait agi de concert avec son substitut M. Mittaine!

Malgré cet éclat, l'intrigue ourdie par les rétrogrades finit par réussir. Que l'on juge de leur puissance ; on trouva moyen d'empêcher M. Leroy de présider les assises où fut porté le procès de Marie-Galante!

L'arrêt de la Chambre d'accusation du 1er février avait renvoyé le jugement de ces affaires devant les assises de la Pointe-à-Pitre, de laquelle elles ressortissaient. M. Fiéron, rendu à l'amour des habitants, convoqua, sur la proposition du procureur général, M. Rabou, des assises extraordinaires à la Basse-Terre. On feignit de croire que la Pointe-à-Pitre pouvait être troublée, agitée par des manifestations favorables aux accusés. En admettant même que la chose fût aussi vraie qu'elle est fausse, évidemment la compression qui pesait sur l'île entière eût facilement et bientôt réduit toute mauvaise tentative. Ce changement n'avait, au fond, d'autre but que d'arracher les prévenus à leurs juges naturels.

Cependant, c'était bien une lutte de castes qui allait se dérouler aux assises. C'est pour cela que M. Hardouin avait désigné trois métropolitains ; c'est pour cela que plus tard, et pour des motifs contraires, on avait relégué M. Leroy à la Martinique ; c'est pour cela que le ministre de la justice l'avait tout de suite rétabli dans son poste. Mais les amis de l'ordre n'ont-ils pas droit de fouler tout aux pieds? M. Beausire avait été un des conseillers de M. Favre dans le fameux rapport sur les élections de juin ; il avait ainsi une double raison pour se récuser. Point du tout ; l'un de ses premiers soins, comme président de la Cour d'appel, fut de maintenir M. Cléret à la présidence de la chambre d'accusation, et de se désigner personnellement pour les assises extraordinaires de la Basse-Terre.

Mais ce n'était pas encore assez pour la politique coloniale d'avoir, en vue des besoins de la cause, brisé la composition de la chambre d'accusation ; d'avoir, contrairement à la pensée du ministère, enlevé la direction des assises à un métropolitain, et de l'avoir livrée à un colon. Les assesseurs aussi donnaient beaucoup d'inquiétude : disons pourquoi.

Un arrêté du 27 juin 1848, pris à la Guadeloupe par M. le commissaire général de la République pour la formation des liste des assesseurs, conformément aux prescriptions nouvelles du décret du 2 mai 1848, avait désigné des citoyens choisis dans les diverses classes de la société pour faire partie du collège. Cette liste, concertée avec M. Bayle-Mouillard, le procureur général d'alors, pour le service des cours d'assises, offrait, depuis dix-huit mois qu'elle fonctionnait, toutes les garanties d'impartialité possible avec l'institution bâtarde de l'assessorat. A ce titre, elle ne pouvait convenir aux hommes qui voulaient une condamnation à tout prix. Aussi la modifièrent-ils dans leur sens, et, au grand étonnement de la conscience publique, *la Gazette officielle* de la Guadeloupe publia, le 5 novembre 1849, un décret évidemment surpris à la religion du ministre et de M. le Président de la République. Ce décret conservait définitivement presque tous les assesseurs blancs, écartait les noirs avec les mulâtres indépendants, et rendait aux blancs la prépondérance numéque qui, sous l'esclavage, avait donné lieu à tant de justes réclamations. La première liste arrêtée pour l'arrondissement de la Basse-Terre contenait quinze noms de blancs, et quinze noms de mulâtres ou de noirs; la seconde ne compte plus que douze de ces derniers et dix-huit blancs ! Encore, parmi les douze citoyens de couleur qui y figurent, cinq sont-ils nouveaux et connus pour appartenir à l'opinion opposée à la majorité. A l'égard de l'arrondissement de la Pointe-à-Pître, les choses se sont passées de même; la première liste formait le collège de vingt blancs, et dix mulâtres ou noirs. — Nouvelle preuve de l'esprit de substitution qui animait les fonctionnaires de la République rouge. — Aujourd'hui, quatre de ceux-ci seulement sont appelés à en faire partie, et ce sont, comme à la Basse-Terre, des hommes appartenant à la toute-puissante minorité (1).

L'histoire judiciaire n'offre pas d'exemple d'un remaniement semblable, opéré en deux mois dans tout le personnel appelé à juger un procès criminel. Il est assez significatif; les hommes impartiaux apprécieront.

(1) On trouvera aux annexes, lettre B, le tableau de ces honnêtes remaniements.

CHAPITRE VII.

Condamnations.

———

Devons-nous dire maintenant que sur les 67 accusés renvoyés devant les assises extraordinaires de la Basse-Terre, 5 ont été condamnés aux travaux forcés, 16 à la réclusion, 20 à la prison, et que 26 seulement ont été absous (1).... L'accusation s'était bornée à demander 33 condamnations capitales!

Vingt-et-un des condamnés se pourvurent en cassation dès le lendemain, 19 avril 1850. Le ministère trouva bon de ne transmettre leur pourvoi au greffe de la Cour que le 31 octobre. Il a fallu au parquet de la Guadeloupe et aux bureaux de la marine six mois pour expédier un dossier! C'est toujours six mois de plus de prison pour ceux dont l'arrêt sera cassé et qui pourront être acquittés par de nouveaux juges. Le parquet de la Guadeloupe et M. Mestro auront pensé que c'était, comme on dit vulgairement, autant de pris sur l'ennemi. Enfin la Cour de cassation, après deux audiences et une longue délibération en chambre du conseil, a rendu son arrêt le 14 décembre.

Cet arrêt casse celui de la Basse-Terre en ce qui concerne les condamnés Germain, Zami Claudic, Jean Laurent, dit Gringrin, Guillaume Saint-Cyr, Lucien, Louis Remy,

(1) Voir aux annexes, lettre C, les noms des condamnés et le détail des peines prononcées.

Arsonneau et Jean Pierre, et les renvoie devant les assises de Fort-de-France.

L'arrêt est cassé pour avoir refusé de poser les questions d'excuse légale résultant de provocations par coups et violences envers les accusés, ou de leur retraite à première sommation des autorités, nonobstant les conclusions prises par leurs défenseurs pour que ces questions fussent posées.

Le pourvoi est rejeté à l'égard des autres condamnés, auxquels ne pouvaient profiter les questions d'excuse légale.

Le jugement qui frappe le principal accusé, M. Alonzo, devient ainsi définitif. En effet, acquitté sur *seize chefs* de complicité dans les divers faits incriminés, il avait été déclaré coupable seulement d'avoir provoqué à la rébellion par *machination et artifices*. C'est pour ce fait qu'il a été frappé de dix années de réclusion!

M. Alonzo est un grand et noble caractère; il supportera sa peine avec stoïcisme. L'espoir, d'ailleurs, est au fond de son cœur aussi bien qu'au fond du nôtre.

Les jugements humains sont faillibles, et les grandes réparations consolent les grandes infortunes. L'histoire contemporaine est féconde en exemples de ce genre. Qu'était M. A. Marrast, président de l'Assemblée constituante? Un ancien condamné à la déportation! Combien d'hommes, qui sont aujourd'hui revêtus du plus beau titre qui soit dans une république, celui de représentant du peuple, ont été, à différentes époques, atteints par les rigueurs de la loi! Quand les passions seront apaisées, c'est notre conviction profonde, l'opinion publique ne sera pas plus injuste, pour le condamné de 1850 et plusieurs de ses compagnons, qu'elle ne l'a été pour tant d'autres tombés victimes des discordes civiles.

CHAPITRE VIII.

Résultats des autres procès relatifs aux élections de juin 1849.

---

§ 1er. — LAMENTIN ET PORT-LOUIS.

Après le procès de Marie-Galante, restaient à juger ceux de la Gabarre, du Lamentin, de Sainte-Rose et de Port-Louis. Les nègres et les mulâtres de la Guadeloupe proprement dite, les plus marquants par leur influence, leur éducation, leur fortune, avaient été impliqués dans les poursuites générales. On sait déjà que les événements passés dans ces diverses localités marquent les étapes de l'agent électoral des rétrogrades.

Au mois de juin 1850, après une année entière de détention, les accusés comparurent devant les assises de la Basse-Terre. Les quatre affaires ont été jugées séparément, à la confusion des inventeurs du grand complot mulâtre, qui avaient voulu les relier entre elles et les rattacher aux troubles de Marie-Galante.

Dans celle du Lamentin, les deux seuls accusés, MM. Grégoire et Pierre Edwig, ont été condamnés, le premier à six mois de prison, pour délit électoral; le second à un an, pour rébellion.

Dans celle de Port-Louis, il y avait six accusés. Quatre, MM. Casse, Athanase, Delerie et Saint-Fal, ont été acquittés, après avoir montré aux débats une rare fermeté. — Là, au milieu de l'émeute soulevée par les discours « du grand agitateur de la paix, » les gendarmes provoqués avaient tiré, un homme était tombé blessé, et un champ de cannes, après la décharge, avait été brûlé. Christophe Bayo et Patience, poursuivis comme auteurs ou complices de cet incendie, ont été condamnés à dix ans de travaux forcés.

§ 2. — SAINTE-ROSE.

Pour Sainte-Rose, il y avait huit accusés, cinq hommes : Solter, dit Octave, Martial, Félix Crosilhac, Numa, Alcindor; et trois femmes : Anastasie, dite Nonne, Silvie et Eugénie, dite Génie. L'affaire était, au fond, semblable aux autres : arrivée du conciliateur, émeute, collision avec son escorte militaire; les groupes, provoqués, jettent des pierres; les gendarmes font feu. Mais les détails étaient beaucoup plus sérieux. Les honnêtes gens prétendaient qu'une tentative d'assassinat avait été dirigée contre leur patron : « Nous en avons la preuve, avait dit *le Commercial* « du 23 juin 1849; nous en avons la preuve, un infâme « complot existe : *on veut la tête du sauveur des colonies.* Déjà « *plusieurs tentatives d'assassinat* ont été préméditées avant « l'attentat de Sainte-Rose, etc. »

Les assises étaient présidées par M. Riot, et composées de MM. Ristelhuber et Turk, juges; Bogears, Roussel, Amédée Letang et V. Achille, assesseurs; les deux derniers mulâtres, amis de l'ordre. Les audiences ont duré du 11 au 18 juin. Les accusés Croisilhac, Numa, Alcindor, Sylvie, Nonne et Eugénie, déclarés coupables, le premier « d'avoir provoqué à la résistance à la force publique, par « ses discours dans une réunion de plus de dix personnes; » les autres de résistance, avec circonstances atténuantes, ont été condamnés, M. Croisilhac à quatre ans, M. Numa à trois ans, les quatre derniers à deux ans de prison.

Quant à MM. Solter et Martial, que le ministère public présentait comme les auteurs de la tentative d'assassinat, ils ont été acquittés! Sur quinze témoins, neuf étaient favorables à M. Martial, et cinq variaient dans les circon-

stances principales ; un seul affirmait le fait. Relativement
à M. Solter, il a été établi que l'arme avec laquelle il aurait, au dire de l'accusation, perpétré le crime, était hors
de service *depuis deux ou trois ans*. Malgré le trou de balle
que porte la capote de la voiture dont l'assassiné du *Commercial* se servait dans ce que M. Foignet, conseiller instructeur, appelle *sa visite aux communes*, il résulte, de la
déposition du gendarme *Pierrot Jean-Baptiste*, qu'un seul
coup de pistolet a été tiré, mais par lui-même, et sur
M. Martial, *d'après l'ordre que lui en avait donné l'apôtre de la
paix!* Voici cette déposition, faite à l'audience du 13 juin, et
extraite du compte-rendu de *la Liberté :*

« M. le président interpelle le témoin pour savoir s'il
reconnaît Martial pour celui qui a mis en joue M. Bissette.

« *Pierrot (Jean-Baptiste)*, gendarme à Sainte-Rose : Je le
reconnais parfaitement, mais je ne crois pas qu'il ait tiré. Je
n'ai pas entendu d'autre détonation que celle de mon coup
de pistolet. »

Un autre témoin à charge, le sieur Blondet, déclare à
deux reprises *qu'il est très-scrupuleux à l'endroit de ce trou de
balle*, qu'on ne s'en est aperçu *qu'après que les gendarmes eurent tiré à droite et à gauche.*

Quoi qu'il en soit, M. Martial fut arrêté, et, suivant le
témoin Philibert Destin, *attaché derrière la voiture de M. Bissette*. Des pierres, lancées par les cultivateurs, blessèrent
trois gendarmes dont deux grièvement ; la troupe tira, et
quinze ou vingt malheureux qui l'entouraient furent atteints. Le lieutenant de gendarmerie Commin, qui dépose
de ces faits, évalue à *cent ou cent vingt le nombre des cartouches
brûlées.*

On n'a remarqué un trou de balle dans la capote de la voiture qu'après que les gendarmes eurent *tiré à droite et à gauche ;* l'instruction a duré un an, elle a été dirigée par un
partisan du sauveur, rien n'a été négligé pour arriver à la
découverte de la vérité. L'accusation d'assassinat, dont on a
fait tant de bruit, se trouve donc ainsi complètement détruite
et doit être rangée au nombre des mille mensonges des
honnêtes gens. Après cela, si l'on pouvait douter, malgré les condamnations prononcées contre les six autres

accusés de Sainte-Rose, que les désordres auxquels ils ont pris part ont été réellement provoqués, il suffirait de dire que les propriétaires de Sainte-Rose sont venus presque tous les réclamer, en quelque sorte, à l'audience. Quelle meilleure preuve de la bonté de leurs antécédents? Chose remarquable, Sainte-Rose, où les troubles ont été les plus graves, est peut-être de l'île entière la commune la plus calme et la plus heureuse. Les anciens maîtres y ont montré autant de sagesse que les nouveaux citoyens, la fusion politique y est si bien faite, que le maire, du temps de l'esclavage, a été conservé jusqu'à ce jour, par le suffrage universel. Ah! si tous les colons voulaient!

§ 3. — LA GABARRE.

Le résultat du procès de la Gabarre est encore plus significatif que les autres. Là, se trouvaient réunis *les meneurs*, les chefs de la grande conjuration, trois des hommes les plus considérables et les plus estimés de la classe de couleur, MM. Adrien Guercy, Jouannet et Penny avec M. Jean-Charles.

On remue ciel et terre pour obtenir une condamnation, les journaux de la coterie des incorrigibles lancent des articles d'une violence à exaspérer les plus pacifiques; on dit que les amis des accusés veulent les délivrer par tous les moyens possibles; on répète que les incendies de la Pointe-à-Pitre sont indirectement leur œuvre, et n'ont d'autre but que d'intimider les juges; on arrête comme incendiaire le neveu de M. Adrien Guercy; on met l'arrondissement de la Pointe, *foyer du complot d'intimidation*, en état de siége; on fait venir deux fois à la Guadeloupe le gouverneur général avec du monde et du canon pour effrayer la population sur le danger que courait le pays; le procureur général, enfin, porte lui-même la parole. Malgré son réquisitoire que le *Courrier de la Martinique*, et il s'y connaît, qualifie d'*habile*; malgré tous ces moyens, les quatre grands meneurs sont honorablement acquittés, après des débats où l'on admire leur bonne tenue, leur dignité; où l'on s'étonne de la futilité des motifs de l'accusation. On est heureux de trouver à y louer la déposition consciencieuse, courageuse. de M. Champy, l'ancien maire de la Pointe-à-Pitre, rendant hommage à la haute moralité des prévenus, déclarant, au risque de passer pour un colon *renégat*, pour un socialiste, qu'il les regarde comme des hommes sans reproche, et qu'il les avait toujours vus à ses côtés chaque fois que la ville avait eu besoin du concours de patriotes dévoués!

On leur avait donné pour juges des adversaires politiques en remaniant le collége des assesseurs. S'ils ont été absous, combien ne faut-il pas que leur innocence ait été démontrée, et comment n'a-t-elle pas éclaté tout d'abord aux yeux du juge instructeur!

Dans les pays civilisés, quand les charges ne paraissent pas suffisantes contre un accusé, une ordonnance de non-lieu le rend à la liberté. Aux colonies, c'est tout le contraire, dès qu'il s'agit de nègres ou de mulâtres *influents*; moins on trouve de preuves, et plus on multiplie les enquêtes, les interrogatoires, les recherches. Un homme à peau noire ou jaune, accusé de menées politiques, peut-il ne pas être coupable, et faut-il moins d'un an de détention préventive pour le démontrer? Du reste, c'est encore là un des moyens de punir quiconque fait ombrage à la faction dominante. La victime sort innocente, réhabilitée, mais ruinée; cela sert d'exemple aux autres.

En résumé, dans les cinq procès faits aux élections de juin 1849, on a puni des crimes, des délits avérés aux yeux des juges, mais tout individuels; on n'a pas trouvé la moindre trace, l'ombre d'un complot. De ce grand projet de destruction ou d'expulsion de la classe blanche tramé par les mulâtres prenant les nègres pour agents; de cette triste fantasmagorie que la coterie des incorrigibles, avec ses journaux des Antilles et de Paris, a si cruellement exploitée depuis un an, il ne reste rien, rien.

Il demeure incontestable que le capitaine de vaisseau Favre, gouverneur provisoire de la Guadeloupe, et le directeur de l'intérieur Blanc, eux qui dénoncèrent honnêtement l'élection de deux abolitionnistes « comme souillée dans le sang, » ont trompé la métropole en affirmant l'existence d'une conjuration, AVANT MÊME TOUTE INFORMATION.

dans le rapport officiel qui a servi de base à l'action judiciaire.

§ 4. — HAUTE MORALITÉ DES ACCUSÉS DE LA GABARRE.

Maintenant, pour faire ressortir mieux encore aux yeux de tous la moralité de cet inqualifiable procès de la Gabarre, il faut dire quels sont ces hommes que le procureur général appelle des *meneurs dangereux*, des *excitateurs coupables*, quels sont ces hommes que l'on a chargés devant la France des crimes les plus odieux ; non pas même d'assassinat et d'incendie, mais, ce qui est plus lâche encore, d'excitation à l'assassinat et à l'incendie, en se tenant cachés derrière les instruments de leurs forfaits :

Jean-Charles est un modeste et laborieux ouvrier sans aucun mauvais antécédent.

« M. Antoine Jouannet, a dit Mᵉ Pory-Papy dans sa dé-
« fense tour à tour pleine d'éloquence et d'esprit, M. An-
« toine Jouannet, si peu fait pour s'asseoir sur les bancs du
« crime, serait-il aussi un perturbateur, lui qui, après avoir
« passé par tous les grades, fut nommé par M. Jubelin,
« *d'après sa bonne conduite, ses mœurs et sa loyauté*, capitaine des
« pompiers, et reçut, en 1813, de son colonel, la date est
« précise et digne de remarque, nous étions en pleins
« préjugés de caste, une lettre, témoignage non suspect
« de partialité, qui le reconnaît un des plus dignes enfants
« du pays.

« Ce n'est pas tout que d'avoir servi avec distinction dans
« la milice pendant vingt-sept ans, M. Jouannet a eu aussi
« l'honneur, pendant dix ans, de faire partie du collége
« des assesseurs où il siége depuis 1840. En 1848, il parvint
« au conseil municipal et fut nommé conseiller privé. Est-
« il possible qu'un pareil homme soit *un meneur, un excita-
« teur, presque un conspirateur ?* La chose est au moins invrai-
« semblable et pourrait paraître incroyable à toute autre
« époque.

« Faut-il vous parler de ce franc marin, du capitaine
« Penny que la Basse-Terre avait adopté ? Il n'avait pas at-
« tendu la République pour fraterniser ; la barrière des

« préjugés de race n'existait pas pour lui et la préférence
« lui était acquise pour toutes les commissions maritimes,
« tous les transports, tous les passagers de la localité.
« C'est l'homme obligeant par excellence ; c'était l'ami de
« tous, et il a fallu le vent destructeur de la politique pour
« tarir les sources de tant de bienveillance réciproque et de
« prospérités. »

Quels noms donner aux calomniateurs de tels hommes,
et combien n'est pas regrettable l'erreur des magistrats qui
ont fortifié la calomnie en les détenant pendant une année
entière d'instruction !

Quant à M. Adrien Guercy, riche propriétaire et commerçant, père de deux filles élevées à grands frais en Europe, voici ses titres qui, produits à l'audience par son habile
défenseur, Me Percin, n'ont pu être contestés.

Comme incendiaire :

En 1833, concours à l'extinction de l'incendie de la maison veuve Marquet.

En 1834, idem, de la boulangerie Grinchaud.

En 1835, idem, de la maison veuve Petit.

En 1840, idem, de la maison de mademoiselle Reinette.

En 1841, idem, de la pharmacie Napius.

En 1847, idem, de la maison Al. Ramsey.

En 1849, idem, de la maison Joseph Mathias.

En 1849, idem, de la maison Arribaud.

Comme ennemi des blancs :

En 1849, secours à l'incendie de la maison de M. Bardou,
négociant-colon, chez qui il escalade une fenêtre pour arracher aux flammes madame Bardou et ses enfants.

Comme assassin :

En 1831, il sauve mademoiselle Adèle, aujourd'hui madame Castera, dans une partie de rivière.

En 1833, il sauve mademoiselle Joséphine, enfant de
douze ans, qui se noyait.

En 1844, il sauve la fille de M. Grenadin, tombée dans un
puits.

Comme anarchiste :

En 1843, concours prêté à l'administration de la mairie
provisoire à l'époque du tremblement de terre.

En 1848, concours prêté à la police sur la prière des négociants de la ville, contre les provocations dont quelques familles blanches étaient l'objet.

En 1848, arrestation d'un homme qui venait de frapper M. Béraud d'un coup de couteau.

Comme ennemi de la famille :

En 1831, il adopte trois orphelins.

En 1847, il adopte les huit enfants de sa sœur, tous encore à sa charge.

Est-il un honnête homme en France qui, en lisant une vie aussi magnifiquement belle, ne soit indigné de voir ce héros d'humanité poursuivi criminellement par M. Rabou sur la dénonciation de l'agent électoral de certains colons, qui termine ainsi sa lettre d'accusation, écrite le 20 juin 1849, à M. le procureur de la République : « C'est comme *simple « citoyen* que j'adresse cette plainte, persuadé que le par- « quet n'y restera pas indifférent et que je n'aurai pas, « *comme représentant*, à l'adresser plus haut. »

§ 5. — CONCLUSION.

En résumé, un pays parfaitement tranquille jusque-là, troublé jusque dans ses entrailles, cent nègres tués à Marie-Galante, un procès immense dont les frais ne s'élèveront pas à moins de 150,000 francs, plus de deux cents prévenus détenus pendant neuf mois et un an, leurs familles désolées, ruinées, cinq d'entre eux morts en prison, soixante condamnés à la prison ou à des peines infamantes, l'état de siége avec ses violences légales, quatre condamnations à mort dont une exécutée, la misère générale, des émigrations nombreuses et multipliées de la classe de couleur, voilà ce que coûtera à la France et à la Guadeloupe la mission de paix et d'amour donnée par M. Tracy à un homme dont l'influence acquise dans le passé a été exploitée par ses anciens ennemis, devenus ses patrons.

Le procès fait aux élections de 1849 à la Guadeloupe a compromis la classe des mulâtres aux yeux de l'Europe en servant de base et de prétexte aux calomnies les plus infâmes; mais il faudra bien que tôt ou tard la vérité se fasse jour ; toutes les préventions de la majorité de l'Assemblée tomberont ; elle reconnaitra qu'elle est abusée, trompée par ceux-là mêmes qui ont mission de l'éclairer.

En définitive, l'histoire que nous venons d'écrire la main sur la conscience, contient des enseignements qui ne peuvent être perdus. Bien des maux sont irréparables, sans doute, la mort ne rendra pas ceux qu'elle a frappés dans la prison, ni ceux qui ont péri dans la mêlée ; mais une réparation digne d'une grande assemblée restituera un jour à de braves, à d'honnêtes, à de bons citoyens leur véritable caractère si cruellement diffamé. La révolution de Février, en appelant les noirs à la liberté, en confondant toutes les couleurs et toutes les classes dans une même égalité, a rendu à ceux qu'elle a solennellement émancipés la dignité d'homme ; l'Assemblée nationale, en proclamant la sagesse et la modération de ces nouveaux citoyens de la France républicaine, les déclarera dignes de l'émancipation, les vengera des plus odieuses calomnies, les élèvera aux yeux du monde entier ; elle complétera le grand acte de l'abolition de l'esclavage et de la fraternité des races.

ANNEXES.

Lettre A (voir page 34).

Discussion d'un article du Journal des Débats.

Qu'on lise la polémique suivante entre *le National* et les *Débats*, on verra de quel côté est la sagesse aux Antilles ; on verra qui, des amis des blancs ou de ceux des mulàtres, tient un langage propre à enflammer les passions et à soulever les méfiances de la classe émancipée.

Voici d'abord ce que disait *le National* du 18 juillet 1850 :

« A propos de la discussion relative à la mise en état de siége de la colonie de la Guadeloupe, le *Journal des Débats* a inséré les lignes suivantes :

« L'état de siége ne peut être qu'un état provisoire, et puisque l'As-« semblée montre aujourd'hui des velléités si ardentes de gouverne-« ment, nous attendons *un ensemble de mesures* qui, tout en sauve-« gardant au fond la cause de la liberté, crée aux Antilles *la situation* « *intermédiaire* dans laquelle les esclaves de la veille apprendront à de-« venir, par le travail, par l'industrie, par l'instruction, *ce qu'ils ne* « *sont pas encore,* les citoyens du lendemain. »

« Nous ne pouvons laisser passer ces phrases imprudentes sans les relever. Ce n'est pas quand nos départements d'outre-mer sont dans une position critique, précisément parce que la défiance entre les diverses classes de la société coloniale est entretenue par de sem-blables excitations, qu'un organe aussi sérieux que le *Journal des Débats* peut se faire sans danger le propagateur de pareilles doc-trines. On évoque sans cesse les souvenirs de Saint-Domingue ;

oublie-t-on que les sanglantes catastrophes de ce magnifique établissement n'ont été que la conséquence des mêmes passions que l'on protége et du système politique que l'on semble vouloir adopter pour nos colonies? Ce ne saurait être en inspirant des craintes aux affranchis sur leur liberté, que l'on peut espérer rétablir la tranquillité. Quelle est donc la *situation intermédiaire* dont on parle? Comment! c'est au moment même où l'on proclame, du haut de la tribune, faussement, par malheur, mais aux applaudissements des feuilles modérées, qu'il n'y a plus de classes aux Antilles, qu'on n'y trouve plus que des citoyens, que le rédacteur des *Débats* « attend un ensemble de mesures propres à faire des esclaves de la veille des citoyens du lendemain ! » Est-il possible de pousser l'aveuglement plus loin?

« Ce n'est donc pas assez d'avoir placé la Guadeloupe sous le régime de la dictature militaire et de livrer ainsi en suspects les hommes de couleur aux rancunes des agents de l'oligarchie coloniale, il faut encore organiser la dépendance du cultivateur de la canne. Où s'arrêtera-t-on dans cette voie? Qu'on y songe! sur une population de cent vingt mille habitants, la Guadeloupe comptait, avant l'abolition, quatre-vingt-dix mille esclaves. Avec quelles forces comprimerait-on les résistances des nouveaux citoyens, justement jaloux de leurs droits? Les Anglais ont été obligés d'abréger le temps de l'apprentissage qui devait précéder la libération générale dans leurs colonies; par quels moyens réussirait-on à rétablir dans les nôtres une *situation intermédiaire* succédant à la liberté?

« Au nom de quoi, d'ailleurs, la France républicaine imposerait-elle le servage aux travailleurs coloniaux, après avoir décrété le droit commun? Du jour où une œuvre de cette nature serait tentée, les colonies seraient à jamais perdues, et, nous ne craignons pas de le dire, le pouvoir qui en prendrait l'initiative encourrait la lourde responsabilité du sang versé.

« Nous ne voulons pas croire que les vœux du *Journal des Débats* soient exaucés. Mais si de nouveaux malheurs désolaient nos colonies, c'est aux auteurs de pareilles théories qu'il faudrait s'en prendre. Les prétendus complots des hommes de couleur disparaissent aujourd'hui devant cette incroyable manifestation des sentiments qui animent les adversaires de l'affranchissement. En effet, on accuse sans preuves les noirs et les mulâtres de rêver l'extermination des blancs, et, à Paris même, les organes des anciens maîtres conspirent hautement contre la liberté des émancipés! Nous n'ajouterons rien de plus; nous prenons simplement acte de la demande des *Débats*. »

Que répliquent *les Débats?* (N° du 19 juillet.)

« Nous ne répondrons pas aux insinuations que *le National* cherche aujourd'hui à tirer de nos paroles ; nous n'avons pas besoin de dire que nous ne voulons ni organiser la dépendance du cultivateur de la canne, ni créer un nouveau servage aux Antilles ; nous n'avons pas besoin de dire que nous ne sommes pas les adversaires de l'affranchissement des noirs, nous avons un long passé qui répond trop bien de nos sentiments à cet égard.

« Longtemps avant que *le National* existât, nous réclamions l'émancipation des noirs, parce que c'était la cause de la liberté, parce que les noirs étaient alors des victimes et des opprimés. Aujourd'hui la situation est bien changée ; *ce sont les blancs qui sont menacés à leur tour d'être des victimes,* et c'est pour qu'ils soient protégés que nous ne cessons de presser et d'activer la sollicitude trop expectante du gouvernement. C'est toujours la même cause que nous défendons, celle du respect qui est dû aux droits de tous ; car nous ne voulons de victimes d'aucune couleur, et nous sommes persuadés que l'honneur de notre pays est engagé à empêcher tous les holocaustes. Pour nous, émancipation des noirs n'a jamais voulu dire *substitution* d'une race à une autre, *ainsi que l'enseigne la presse anarchique des colonies,* c'est-à-dire ruine des blancs (et elle est presque définitivement consommée), *incendie de leurs maisons,* comme cela se pratique depuis quelque temps ; nécessité de l'exil, ainsi que beaucoup de familles l'ont déjà accepté ; et enfin *extermination des uns* par les autres ; car tel serait le résultat inévitable de pareils fléaux si l'on n'y met bon ordre, comme il est du devoir de la France de le faire.

« Quant à la situation intermédiaire dont nous avons parlé et que *la déplorable précipitation du gouvernement provisoire* (1) *ne lui a pas permis d'établir entre les esclaves de la veille et les citoyens du lendemain,* nous pensons qu'il est temps d'y songer. Après *tous les crimes et tous les désordres* dont la colonie de la Guadeloupe en particulier a été le théâtre depuis deux ans, il est urgent de combler cette lacune. Cela ne veut pas dire qu'il faille revenir sur l'émancipation, on le sait bien ; mais cela veut dire *qu'il faut imposer quelque garantie à l'exercice de tous les droits politiques* dont on a *si follement* revêtu les affranchis du 3 mai 1848. Le suffrage universel tel que l'entendait le gouvernement provisoire a été trouvé une chose *mauvaise et dangereuse en France,* au milieu

(1) *La déplorable précipitation!* La commission instituée par le gouvernement provisoire a consacré *deux mois* d'un travail consécutif à faire les décrets.
(*Note de l'auteur.*)

d'une population qui jouit depuis longues années de la liberté civile, que trente ans de gouvernement libre auraient dû former à
l'exercice des droits ; et l'on conserverait toutes les prérogatives
de l'électeur et du citoyen à des multitudes parmi lesquelles on ne
trouverait peut-être pas un individu sur mille qui sache seulement
lire les noms des candidats inscrits *sur le bulletin que les meneurs
imposent à son ignorante crédulité!* ce serait insensé. Entre l'homme
libre, jouissant de tous ses droits civils, comme il est juste que
soit le noir émancipé, et le citoyen armé de toutes les prérogatives
de la puissance politique, il y a *une situation intermédiaire* où il
eût été sage d'arrêter pendant quelque temps les nouveaux affranchis, où les malheurs et les périls qui menacent la France d'outre-
mer nous enseignent *qu'il faut absolument ramener la population
noire,* si l'on veut qu'elle apprenne à exercer un jour avec quelque discernement les pouvoirs politiques qu'on lui a conférés *dans
une heure d'aveuglement*, et qui ne sont aujourd'hui dans ses
mains qu'une arme dangereuse pour elle-même aussi bien que
pour la race blanche. Telle est la tâche qui pèse aujourd'hui sur
le gouvernement, et à laquelle nous le supplions de ne pas faillir,
dans l'intérêt des principes sociaux, *dans l'intérêt de la liberté sérieuse,* dans l'intérêt de toutes ces familles qui semblent aujour-
d'hui dévouées au sort le plus affreux, dans l'intérêt de l'honneur
national qui doit se rappeler toujours les hontes de Saint-Domingue et faire tous les sacrifices pour en conjurer le retour. »

Le National répliqua le 25 juillet 1850 :

« Le rédacteur colonial des *Débats* cherche à revenir sur ses paroles, et prétend qu'en demandant une *situation intermédiaire* il
n'a eu en vue que la politique. Soit! Bien *qu'un ensemble de mesures embrassant le travail, l'industrie et l'instruction* ait pour nous
un tout autre caractère, nous acceptons l'explication des *Débats*
sur ce point, et nous admettons que les droits civils seraient res-
pectés. Mais, même en ramenant la question sur le terrain purement politique, nous en appelons à tous les gens de bonne foi :
est-il prudent de scinder la population coloniale en deux parties, et
de perpétuer l'antagonisme par la loi électorale ? Or, pourra-t-il
en être autrement, si les nouveaux citoyens sont systématique-
ment exclus? Dans des pays où ce qu'on nomme la population « eu-
ropéenne » — par esprit de fusion sans doute — ne forme pas le
dixième de la totalité des habitants, fermer l'urne du scrutin aux
noirs et aux mulâtres, est-ce donc autre chose que l'oppression de la majorité par la minorité, et le rétablissement de la plus
absurde suprématie, celle de la peau? Cependant, c'est en propo-

sant de retirer aux émancipés le droit de se faire représenter et de siéger à l'Assemblée nationale, dans les conseils généraux et dans ceux de la commune, que le *Journal des Débats* ose accuser les noirs et les mulâtres de rêver la *substitution d'une race à une autre !*

En vérité, les explications des *Débats* ne sont pas heureuses ! elles ne nous semblent pas devoir contenter personne, les colons de la Martinique moins que d'autres. En effet, il est difficile qu'ils consentent à reconnaître que la *multitude* qui leur a donné la majorité n'ait pas su *les noms des candidats inscrits sur le bulletin que,* d'après les *Débats,* les meneurs *imposent à son ignorante crédulité.* Nous ne pouvons penser non plus que, dans leur opinion, la *population noire* ait *absolument* besoin « d'apprendre à exercer avec quelque discernement les pouvoirs politiques qui ne sont aujourd'hui entre ses mains qu'une arme dangereuse pour elle-même et pour la race blanche. » Après avoir ainsi établi la nécessité de laisser une classe entière en suspicion, il n'est guère possible de proclamer l'extinction du préjugé de couleur et les progrès de la conciliation.

Aussi, avant d'aller plus loin, engagerons-nous les *Débats* à se mettre d'accord avec leurs correspondants, à ce sujet.

Dans une telle situation, on comprend, au reste, que ce journal, pour faire accepter ses explications malencontreuses, se soit vu obligé de rééditer toutes les déclamations des ennemis de l'affranchissement. Autrement aurait il répété les absurdes calomnies débitées depuis deux ans contre les nouveaux citoyens ? Toutefois, il faut en finir avec ces infamies. Nous n'avons pas pris l'initiative de ces récriminations, mais puisque le *Journal des Débats,* continuant d'affreuses accusations, prétend que « les blancs sont menacés d'être victimes, » puisqu'il parle « d'holocaustes, d'extermination, » nous le mettons au défi, lui et ses amis, de citer le nom d'un blanc assassiné par des nègres, depuis l'abolition de l'esclavage ; nous citerons, quand on voudra, le nom d'un nègre assassiné par des blancs. Nous défions également les *Débats* et leurs amis de nier que dans les sinistres de la Pointe-à-Pitre, auxquels ils font allusion, les trois quarts des propriétés incendiées appartiennent à la classe qu'ils attaquent. Quant à l'émigration de quelques planteurs, fuyant l'expropriation forcée ou l'abolition de l'esclavage, et allant dans les pays à esclaves chercher un refuge contre l'une ou l'autre, nous opposons l'expatriation des familles de couleur devant les persécutions de l'administration de la Guadeloupe. Les derniers numéros de la *Gazette officielle* de cette île contiennent l'annonce légale de leur départ.

Un mot encore.

Les *Débats* parlent des *hontes* de Saint-Domingue, dont le gouvernement doit conjurer le retour. Nous joignons notre voix à la leur. Oui ! « dans l'intérêt de l'honneur national, » il faut que la France prévienne des événements aussi épouvantables, car les moyens qui furent employés dans cette malheureuse colonie, pour rétablir les anciens propriétaires, sont si atroces, que ceux qui faisaient cette guerre d'extermination en déploraient eux-mêmes les excès. Qu'on en juge par les lignes suivantes extraites du *Mémoire autographe du général Ramel sur l'expédition de Saint-Domingue* (1) :

« J'avais renvoyé au capitaine général sa garde, ses aides-de-camp ; il n'y avait plus aucun risque à courir à la *Tortue :* quel fut mon étonnement de recevoir, le 15 germinal, une lettre du général Rochambeau, ainsi conçue :

« Je vous envoie, mon cher commandant, un détac̶   ̶t de cent cinquante hommes de la garde nationale du Cap, commandé par M. Bori. Il est suivi de vingt-huit *chiens bouledogues.* Ces renforts vous mettront à même de terminer entièrement vos opérations. Je ne dois pas vous laisser ignorer qu'il ne vous sera passé en compte aucune ration ni dépense pour la nourriture de ces chiens : *vous devez leur donner à manger des nègres.*

« Je vous salue affectueusement.

« *Signé :* Donatien ROCHAMBEAU. »

Si, en terminant par le souvenir de Saint-Domingue, le *Journal des Débats* a voulu faire croire que les nègres et les mulâtres étaient seuls responsables devant l'humanité des faits qui ont ensanglanté cette époque de leur histoire, on voit que son but n'est pas atteint. Au lieu d'évoquer le passé, pour s'en faire des armes contre le présent, que ne prépare-t-on l'avenir ?

Le *Journal des Débats*, fort embarrassé, on le conçoit sans peine, d'avoir soulevé de pareilles questions et réveillé de tels souvenirs, a gardé le silence.

Les meneurs de la réaction coloniale parlent souvent des désastres de Saint-Domingue ; puisque nous avons été amenés sur ce terrain, nous croyons devoir leur rappeler ce que pense à ce sujet leur principal représentant à l'Assemblée nationale. En voyant « l'apôtre de la paix, le Christ colonial » apprécier de la sorte ces douloureux événements, ils modifieront sans doute leurs opinions,

(1) Ce mémoire nous a été confié par un ami de M. Ramel fils.

(Note de l'auteur.)

ou du moins voudront-ils en cacher l'expression pour ne pas le contrarier.

« Des crimes affreux, sans doute, ont souillé la révolution qui a délivré le peuple d'Haïti du sceptre de la métropole et de la verge des colons; mais l'*initiative de ces crimes passagers appartient tout entière aux hommes de la race blanche*, à ces maîtres impitoyables, et dont la barbarie s'accroissait encore par l'affaiblissement de leur puissance. Les esclaves ne brisent leurs chaînes que pour en exterminer leurs maîtres; leurs mains violemment affranchies s'arment de la *torche et du poignard*, et au jour de sa délivrance la bête de somme devient tigre.

. . . .

« Après avoir reconquis les droits dont on l'avait dépouillé, il est naturel que l'homme cherche à s'en assurer la jouissance; et la défaite du spoliateur *doit* amener sa proscription.

. . . .

« Ce n'est pas de la rhétorique, ce ne sont pas de vaines déclamations : tout cela est conforme aux principes d'une *saine logique*, aux lois de la nécessité et aux vérités enseignées par l'histoire. Les rois qui tombent du faîte d'une vaste puissance ne conservent pas le rang de simples citoyens, et deviennent des parias dans le pays même où ils vécurent en souverains. Les races, les corporations sont quelquefois proscrites comme les dynasties; les blancs exclus à Saint-Domingue, c'est Jacques II à Saint-Germain, c'est Charles X et sa famille à Prague, ce sont *les Jésuites chassés* des pays qu'ils voulaient en- *chaîner*. »

(*Revue des Colonies* de décembre 1835, p. 245.)

Ce n'est pas ici la seule fois que le coryphée des amis de l'ordre ait porté un jugement semblable sur la révolution de Saint-Domingue. Dans une lettre adressée à M. Isambert, que celui-ci vient de publier, il lui disait, en parlant d'un sénateur d'Haïti accusé d'avoir pris part aux massacres de Saint-Domingue :

« *Je suis loin* de le blâmer comme raison d'Etat, comme nécessité politique et comme loi de circonstance imposée par le salut public. L'histoire nous apprend que toutes les transformations sociales ne se sont jamais opérées sans que l'humanité ait eu à en souffrir. C'est en ce sens, bien entendu, *que je ne blâme pas les rigueurs salutaires de Saint- Domingue*. L'humanité avait eu à souffrir de l'oppression qui pesait sur la race nègre; il fallait cette oppression pour le maintien de l'esclavage, de l'esclavage avec toutes ses horreurs et de la domination des blancs à Saint-Domingue. *Les incendies et les massacres furent donc une nécessité* pour détruire, pour transformer l'ancien ordre de choses à Saint-Domingue, et M........ et ses amis purent être sénateurs et président de la république. Il est plus qu'étrange que ceux qui jouissent aussi *des avantages qu'ont procurés les incendies et les massacres* en jettent l'odieux sur ceux qui ne les ont jamais conseillés, sur ceux qui, *comme vous*, sont attachés *à un ordre d'idées erronées, suivant moi*, mais charitables et humaines, puisqu'ils croient de bonne foi que les transformations sociales peuvent se faire sans guerre, sans martyrs, et sans que l'humanité en ait à souffrir. Ceux qui pensent comme moi ne sont pas plus partisans des guerres et des massacres que vous, mais ils sont *à cheval* sur l'histoire. »

> (*Lettre de M. Isambert,* contenant le rétablissement de faits importants, etc., et la réponse à des calomnies, page 44.)

Ce sont pourtant les patronnés de l'homme monté sur ce *cheval* qui nous appellent chaque jour des buveurs de sang, tout en rugissant, parce qu'on diffère de deux mois l'exécution à mort d'un pauvre nègre !

Lettre B (voir page 64).

Tableau des remaniements des collèges des assesseurs.

La liste arrêtée le 27 juin 1848 désignait, pour l'ARRONDISSEMENT DE LA BASSE-TERRE, les citoyens :

De couleur.	*Blancs.*
1 Aimé Noël.	1 Bouvier.
2 Achille (Victor).	2 Bogaërs.
3 Bloncourt-Melfort.	3 Courejolle.
4 Chéri (Narcisse).	4 Cabre.
5 Dejean (Victor.	5 Chabaud.
6 Duflau Saint-Val.	6 Guercy.
7 Florestal Ste-Luce.	7 Henry.
8 Germain (Victor).	8 Isnardon.
9 Etienne (Frédéric).	9 Lesueur.
10 Lagrenade.	10 Lavergneau (E.).
11 Monclaire (J.-B.).	11 Miany.
12 Miaulard.	12 Navailles.
13 Portière père.	13 Oraison.
14 Sénécal (Chéri).	14 Royer.
15 Viotty.	15 Saint-Pair.

ARRONDISSEMENT DE LA POINTE-A-PITRE.

De couleur.	*Blancs.*
1 Béraud père.	1 Arnous.
2 Bloncourt (Octave).	2 Bonnaffé (Camille).
3 Citardy (W.).	3 Brunet.
4 Gosset (Thomas).	4 Buffrenil.
5 Guercy (Adrien).	5 Chérot (J.-J.).
6 Jean Louis aîné.	6 Cottin (Adolphe).
7 Jouannet (Ant.).	7 Crane.
8 Mérentier.	8 Deville.

6*

De couleur.

9 Pantaléon.
10 Zoël (Agnès).

Blancs.

9 Dournaux (Duclos).
10 Favreau (Joseph).
11 Labarrière.
12 Leterrier d'Equainville.
13 Pallier.
14 Paul-Charles cadet.
15 Pommez jeune.
16 Pormat.
17 Richemont.
18 Salette (L.-A.).
19 Vernias.
20 Zennon (J.-B.).

Total pour la Basse-Terre, 15 hommes de couleur et 15 blancs.

Pour la Pointe-à-Pitre, 10 hommes de couleur et 20 blancs.

Le décret du 29 septembre 1849 a modifié le personnel des assesseurs dans la proportion suivante :

ARRONDISSEMENT DE LA BASSE-TERRE.

De couleur.

1 Achille (Victor).
2 Amé (Noël).
3 Amédée Létang. (Nouveau.)
4 Bloncourt-Melfort.
5 Chéri-Narcisse.
6 Florestal Ste-Luce.
7 Francisque. (Nouveau.)
8 Frédéric-Etienne.
9 St-Géraud. (Nouveau.)
10 Miolard père.
11 Rougemont (F.). (Nouveau.)
12 Tacou. (Nouveau).

Blancs.

1 Block de Friberg. (Nouveau.)
2 Bogaërs.
3 Cabre.
4 Clayssen aîné. (Nouveau.)
5 Daine de la Richerie. (Nouv.)
6 Henry.
7 Isnardon.
8 Lacour-Auril. (Nouveau.)
9 Lavergneau.
10 Lesueur.
11 Marcellin. (Nouveau.)
12 Miany.
13 Michineau.
14 Oraison.
15 Roussel. (Nouveau.)
16 Royer.
17 Valeau. (Nouveau.)
18 Vatable. Nouveau.)

ARRONDISSEMENT DE LA POINTE-A-PITRE.

De couleur.

1 Blondet. (Nouveau.)
1 Cyr (Saint-). (Nouveau.)

Blancs.

1 Bardon (Edouard). (Nouv).
2 Berthelot. (Nouveau.)

De couleur.	Blancs.
3 Dugard-Ducharmoy. (Nouveau.)	3 Boissard. (Nouveau.)
4 Gabriel fils aîné. (Nouveau.)	4 Bonnaffé (Camille).
	5 Brunet.
	6 Buffrenil.
	7 Chérot (J.-J.).
	8 Corneille-Corne. (Nouveau).
	9 Cottin (Adolphe).
	10 Crane.
	11 Deville.
	12 Dournaux (Duclos).
	12 Dubois (Jean-Paucour). (Nouveau.)
	14 Favreau (Joseph).
	15 Kayser. (Nouveau.)
	16 Labarrière.
	17 Lestonat. (Nouveau.)
	18 Leterrier d'Equainville.
	19 Maugendre.(Nouveau.)
	20 Pallier, remplacé par Duteau, mulâtre.
	21 Pommez.
	22 Richemont.
	23 Salette.
	24 Vernias, remplacé par Pachot, mulâtre.
	25 Zennon.
	26 Fleury, remplacé par Achille, mulâtre.

Total pour la Basse-Terre. . . . . 12 hommes de couleur. 18 blancs.

pour la Pointe-à-Pitre. . . . 4 hommes de couleur. 26 blancs (1).

(1) Lorsque cette liste fut publiée dans la colonie, le gouvernement local recula devant son œuvre. La preuve, c'est que, profitant des vacances laissées par MM. Fleury, Pallier, Vernias, blancs, absents de la Guadeloupe, il nomma, le 3 novembre 1842, pour les remplacer, trois mulâtres: MM. Duteau, Pachot et Achille. Par ce changement, le nombre des hommes de couleurs fut porté à 7 et celui des blancs réduit à 23.

Lettre C (voir page 65).

Liste des condamnés, avec les peines prononcées.

ARRÊT DE LA COUR D'ASSISES DE LA BASSE-TERRE, DU 18 AVRIL 1850.

Noms des accusés.	*Décisions de la Cour.*
Bastien,	1 an de prison.
Monlouis dit Loco,	*id.*
Germain (Jean-François dit Cétout), 1 an de prison et 100 fr. d'amende. (Délit électoral.)	
Jean-Pierre (domestique),	2 ans de prison.
Noël Lafont,	*id.*
Antoine (habitation Port-Louis),	*id.*
Achille (habitation Gaigneron),	*id.*
Léon,	*id.*
Jean-Louis,	*id.*
Julie,	*id.*
Germain (habitation Lilet),	*id.*
Antoine (habitation Ballet),	*id.*
Grosper,	*id.*
Germain (habitation Taillefer),	*id.*
Joseph,	*id.*
Victor,	*id.*
Bouaille (Pierre),	3 ans de prison.
Edouard (habitation Mouraille),	*id.*
Jean-Baptiste, *id.*, *id.*,	*id.*
Médéric,	4 ans de prison.
Messidor,	5 ans de prison.
Germain Zami Claudic,	5 ans de réclusion.
Jean-Laurent dit Gringrin,	*id.*
Faustin (Jean-Baptiste),	*id.*
Saint-Pierre (Jean-Baptiste),	*id.*
Claude,	*id.*
Nelson dit Louis Beaurenom,	*id.*
Hyppolite,	*id.*

Noms des accusés.	Décisions de la Cour.

Guillaume Saint-Cyr, 6 ans de réclusion.

Ste-Rose-Louis-Rémy Arsonneau, *id.*

Germain (habitation Hotessier), 8 ans de réclusion.

Saint-Yves dit Cétout, 10 ans de réclusion.

Michel Charleson, *id.*

Saint-Aubin, *id.*

Nègre, *id.*

Alonzo, 10 ans de réclusion, condamnation solidaire aux frais, 2 ans de contrainte par corps.

Jean-Baptiste (habitation Bonnet), 10 ans de travaux forcés.

Monlouis, *id.*

Bayo (Hippolyte), 20 ans de travaux forcés.

Auguste dit Petit-Auguste, *id.*

Lucien, travaux forcés à perpétuité.

Guillaume Mérosier et Jean-Pierre Sainte-Luce, *contumax.*

Jean-Louis-Rémy Arsonneau dit Sinsin, absent, et Charlery, malade. *non jugés.*

Saint-Pierre (habitation Bonnet), malade, *non jugé. Disjonction ordonnée.*

Acquittés. — Kaifort — Maurice Sébastien. — Pierret. — Lazard. — Romain. — Lauzus. — Monnègre (Antoine). — Nelson. — Saint-Pierre (habitation Vidon). — Bonhomme (François). — Sans-Culotte (Hyppolite). — Florville (Virginie). — Achille (habitation Vidon). — Pierre-Louis. — Félicien. — Gerville. — Goulain. — François. — Jacques (habitation Bonnet). — Jacques (habitation Latreille). — Adelson. — Avril. — Jean Galette. — Jean-Pierre. — Vital. — Lubin.

TABLE ANALYTIQUE.

CHAPITRE VI.

CHAPITRE VII.

CHAPITRE VIII.

ANNEXES.

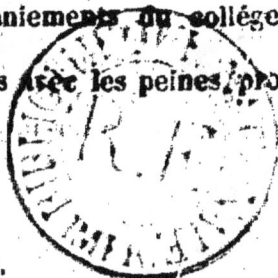

FIN DE LA TABLE.

Paris. — Th. Sous et Cie, imprimeurs, rue de Seine, 36.